NVivo 12를 활용한 문자교정지도 이론과 실제

이 저서는 2017년 대한민국 교육부와 한국연구재단의 지원을 받아 수행된 연구임
(NRF-2017S1A6A4A01022619)

NVivo 12를 활용한 문자교정지도 이론과 실제

© (주)글로벌콘텐츠출판그룹, 2019

1판 1쇄 인쇄__2019년 09월 15일
1판 1쇄 발행__2019년 09월 25일

지은이__박종원
펴낸이__홍정표
펴낸곳__글로벌콘텐츠
       등록__제25100-2008-24호
       이메일__edit@gcbook.co.kr

공급처__(주)글로벌콘텐츠출판그룹
       주소__서울특별시 강동구 풍성로 87-6(성내동)
       전화__02) 488-3280 팩스__02) 488-3281
       홈페이지__http://www.gcbook.co.kr

값 16,000원
ISBN 979-11-5852-253-7 93000

박종원 질적 연구 총서 시리즈 **17** ▼

ttp://cafe.daum.net/etwas777 (온라인 상담)

NVivo 12를 활용한 문자교정지도 이론과 실제

NVivo 12

글로벌콘텐츠

●● 목차 ●●

VI. 나가기 / 221

부록 / 223

제 1 장

들어가기

논문을 처음 작성하려는 학생들이 시작에서 주로 접하는 문제는 연구 주제를 잡는 것인데, 흔히 볼 수 있는 일이 관련 논문에 대한 선행연구를 충분히 검토하지 않은 상태에서 개인의 경험이나 단순한 관심을 근거로 논문을 구상하려고 하는 경향이 있다는 것이다. 여기에 대해 Maxwell (1994)은 그림과 같은 연구 개념 지도를 제시하고 있다.

그림은 Maxwell이 제안한 것을 토대로 박종원 (2004) 연구의 예를 들어 도식화하였다. 그림에서도 알 수 있듯이, 연구 개념 지도를 구성하는 핵심 요소는 연구 배경, 목적, 질문, 방법론, 그리고 타당성 검증이다. Maxwell에 따르면, 연구자는 처음 연구를 시작할 때, 연구 배경에 대해 충분히 생각을 해야 하는데, 여기에는 선행연구에 대한 고찰, 연구와 관련된 경험, pilot study가 해당이 된다. 연구 배경을 바탕으로 연구 목적이 명시되고, 이어서 연구 과제 (연구 질문, 연구 가설, 또는 질문과 가설의 혼합)를 설정하게 된다. 연구과제는 결국 연구 방법론을 결정하게 되고, 최종 결과물에 대해 타당성 검증으로 관련 문헌, 자료나 이론의 트라이엥귤레이션, 피드백과 집단 점검 등을 사용하는데, 이러한 연구 개념 구성 요소가 서로 배타적인 것이 아니라 상호 작용을 한다고 Maxwell은 주장한다. 이러한 Maxwell

의 연구 구성 개념 틀을 바탕으로 문자교정지도 관련 연구를 분석하려고 하는데, 주제, NVivo에서 사용한 분석 기법, 그리고 결과에 대해 나누어 자세히 살펴보도록 하자.

목 적

영어회화시간에 말하기 장애요인을 분석할 것. 외국어를 배우는 학습자로서 현재의 학습이 자신의 삶에 주는 의미 재고. 동료 간에 존재하는 집단동력의 이해. 학습자의 욕구를 파악함으로서 영어 회회를 담당하는 원어민 또는 한국인 교사들에게 효과적인 지침서 제공. 학습자의 대면 접촉에 영향을 주는 사회 및 문화적 요소에 대한 지식의 범위를 확장

연 구 배 경

언어적 사회적 관점에서 본 언어 습득의 핵심적 요소(EFL 상황에서 동료의 집단동력에 관한 연구의 절대적인 빈곤)
ESL과 EFL 상황에서 학습자이자 또 동시에 교육자인 연구자의 경험 현재의 연구를 진행하기 전에 2년 동안 연구지역, 참여자와의 공식적 및 비공식적 접촉 유지 Pilot study(Park, 1996, 1998, 2000)

연 구 질 문

1. 교실 내에서 말하기 장애요인은 무엇인가?
2. 선행연구인 ESL 상황에서의 말하기 장애요인과 비교해 볼 때 공통점과 차이점은 무엇인가?
3. EFL 상황에서 교실 밖에서 학습자들이 목표어를 사용하는 전략은 무엇인가?

방법론

인터뷰
open-ended and developmental : 남학생과 여학생 각각 1명
focused group discussion : 남학생과 여학생 각각 2명
원어민 교사 남자 및 여자 각각 1명
관찰
수업 : audio 및 video taping
일기 : 학생 30명
설문조사

타당성

자료, 방법 그리고 이론의 triangulation

관련문헌에서 유사한 연구와의 비교

피드백과 집단점검

연구 개념 지도

NVivo와 Endnote를 활용한 선행연구 고찰 및 연구의 필요성 도출

연구자의 컴퓨터 바탕화면에서 Endnote를 두 번 클릭한다.

아래와 같이 Endnote에 있는 영어교육 관련 데이터베이스를 볼 수가 있다.

현재 기준으로 (2019년 1월) 저자가 모은 Endnote에 있는 논문은 총 53,548편으로, 연구자가 논문 작성 초기에 연구의 필요성을 도출하기 위하여 항상 출발하는 플랫 홈이다. 철저하게 선행연구 결과물을 근거로 출발하는 것은 매우 중요한데, 이러한 과정을 거치지 않고 논문을 본인의 경험이나 직관에 의존해 주제를 정하고 연구 자료를 수집, 분석, 그리고 결과를 도출할 경우, 만약에 선행연구에서 이미 그 결과가 나와 있다면 연구자는 헛수고를 한 셈이기 때문이다. 또한 진행하는 연구의 결과를 선행연구의 결과와 대비를 시켜 나가는 데 있어서도 지금의 플랫 홈은 매우 중요한 역할을 한다. 특정한 연구의 결과가 선행연구 그 어디에서도 비교하고 논의할 대상이 없다면, 그 결과는 족보가 없는 사생아로 분류되기 쉽다. 왜냐하면, 연구는 체계적이고 과학적인 지식의 블록을 만드는 과정이기 때문이다.

문자교정지도 연구 시작 단계에서 연구의 진행 정도를 파악하려면 Endnote에서 검색의 단계를 거쳐 해당하는 자료를 모을 수 있다.

검색 〉 첫 번째 옵션의 역삼각형을 클릭해 보자.

검색 옵션 〉 Any Field를 클릭

Any Field > written corrective feedback 입력

Search를 클릭

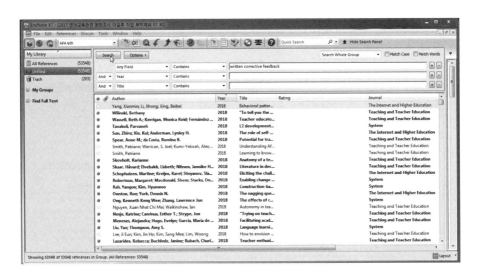

아래와 같이 79편의 논문이 있는 것을 확인할 수 있다.

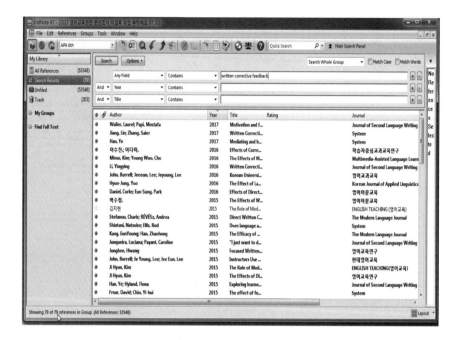

첫 번째 논문을 두 번 클릭

아래와 같이 저자 년도 등의 논문 관련 정보를 열람할 수 있다.

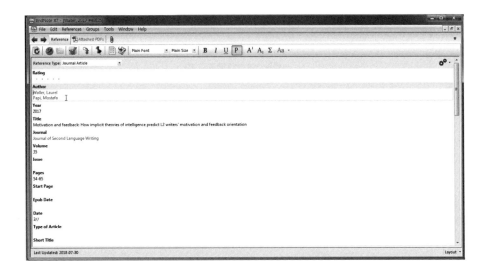

스크롤바를 아래로 내리고 〉 인터넷 주소 창을 두 번 클릭

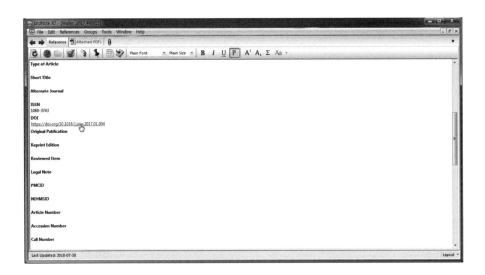

해당하는 논문의 원본이 있는 곳으로 가는데 여기서 다운로드를 두 번 클릭

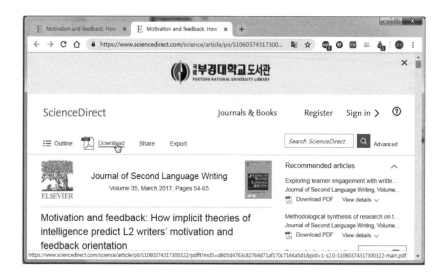

논문 원본을 출력을 하거나 PDF 파일로 저장을 할 수 있다.

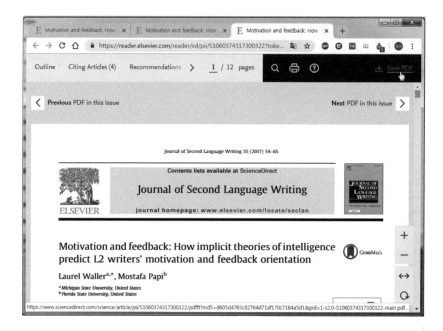

다시 Endnote로 돌아와 스크롤바를 내려 하단으로 더 이동한다.

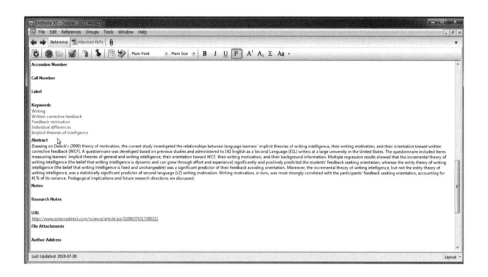

위에서처럼 키워드나 초록을 볼 수가 있는데, 연구자는 논문 초록을 먼저 살펴보고 본인의 연구와 연관성을 타진해 볼 것을 적극 권장한다. 연구 초기 단계에 무모하고 열정만 가득한 연구자라면 연구 관련 모든 책과 논문을 읽고 정리해 나가려 하겠지만 실제 본인의 연구에서 꼭 필요한 논문이나 책은 매우 제한되기 때문에 이와 같은 철저한 분류 작업은 연구자에게 휴일을 보장해 주고 가족과의 시간을 얻는 데 있어 없어서는 안 될 노력이라고 할 수 있다.

위의 논문을 우측 상단의 X 단추를 눌러 닫는다.

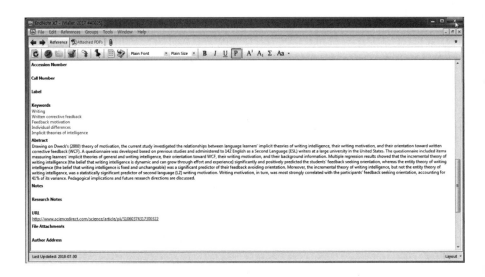

File을 클릭

위의 그림을 살펴보면 File 아래에 Export와 Import 기능이 있는데 여기에 대해 살펴보기로 하자.

Import는 Endnote에 논문 데이터베이스를 구축할 때 사용한다.

영어교육 저널로 논문이 발간된 황정희 연구를 클릭해 보자.

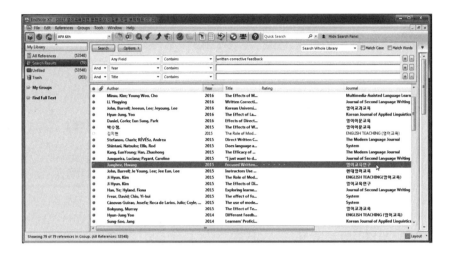

스크롤을 아래로 내려 URL을 클릭

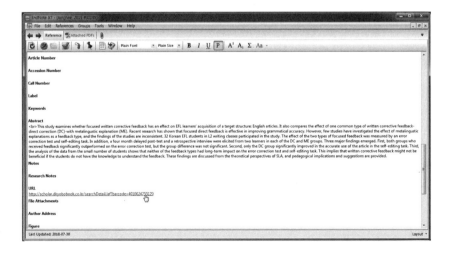

아래와 같이 논문 원본을 볼 수가 있다.

상단에 발행기관을 클릭

검색어에 팬 코리아 영어교육학회를 입력

검색 결과를 두 번 클릭

1996년에서 2018 74권을 두 번 클릭

아래와 같이 목록을 볼 수 있다.

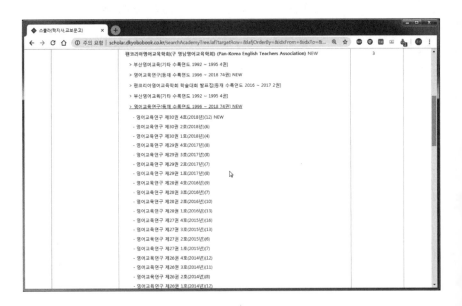

이 중에 2018년 12를 클릭해 보자.

아래와 같이 논문 리스트를 볼 수가 있다.

전체 선택 클릭

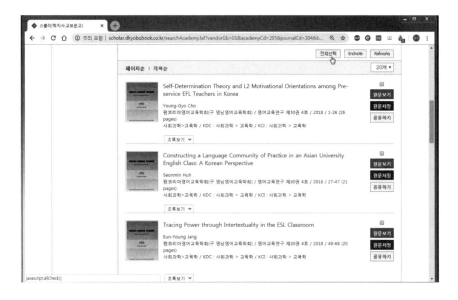

Endnote를 클릭

서지 초록 다운로드를 클릭

아래와 같이 상태 도구에 저장이 된 것을 알 수 있다. 아래의 자료를 클릭

현재 작업 중인 Endnote 창으로 해당 논문 자료가 들어 온 것을 알 수가 있다.

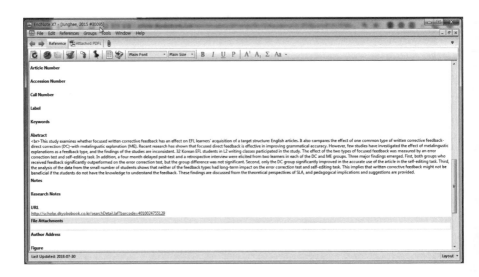

이와 같은 방법으로 본인만의 필요한 논문을 모으고 데이터베이스를 구축할 수가 있다.

다음은 Endnote 자료를 NVivo로 내보내기를 하는 방법을 시연하겠다.

Endnote 전체 창에서 File 선택

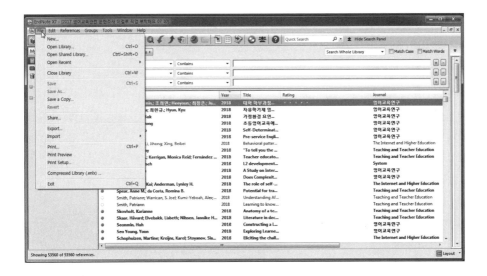

Export을 선택

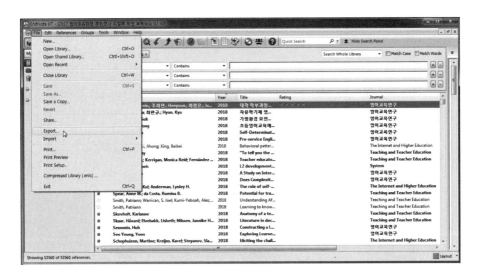

파일 이름 〉 written corrective feedback 입력

파일 형식 〉 XML 선택

Output style은 APA 6th로 지정

저장을 클릭

아래와 같이 저자의 컴퓨터 바탕화면에 written corrective feedback의 html 문서가
저장이 된 것을 확인할 수 있다.

제 **3** 장

논문 자료 정리 및 글쓰기

우리가 살고 있는 지금의 시간이 소위 디지털 시대임을 부인하는 사람은 아무도 없을 것이다. 눈만 뜨면 모바일로 시작하는 삶은 전혀 새로운 풍경이 아니다. 모바일로 잠자리에서 일어나고 모바일로 하루를 마감한다. 이러한 시대에 살고 있는 우리는 연구에서는 어느 정도로 이러한 혜택을 향유하는 삶을 살고 있을까?

졸업을 위해 승진을 위해 우리는 끊임없이 많은 논문과 책을 접하고 읽을 때마다 본인의 논문에 인용하기 위한 방법으로 노트에 메모를 하거나 엑셀로 열심히 정리를 해 나간다. 필요하다고 생각하는 모든 자료를 모으고, 읽고, 메모를 한 다음에 정작 글을 쓰려고 하면 머리 속이 텅 빈 자신을 보는 것을 경험한 적이 있는가? 소위 말하는 writer's block을 체험한 사람이라면 누구라도 공감하는 논문 작업에서 반드시 연구자가 거쳐 가야 할 역경임을 동의할 것이다.

지금부터는 이를 막을 수 있는 방법에 대해서 논하고자 한다.

NVivo로 논문을 불러오고 코딩을 하고 검색을 통해 연구 필요성을 도출하고 논문 도입 부분의 문헌 조사 글쓰기를 NVivo가 어떻게 구체적으로 도와 줄 수 있는지를 논하겠다.

컴퓨터 바탕화면에서 NVivo를 두 번 클릭

NVivo 시작 창에서 Blank Project를 클릭

New Project 〉 문자교정지도 연구 입력

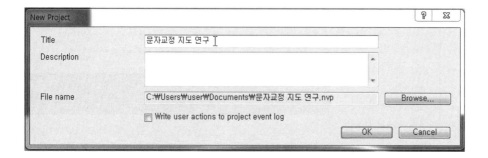

OK를 클릭

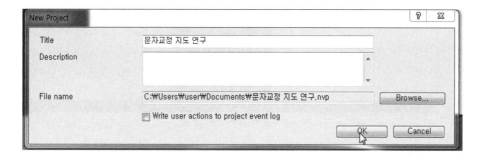

아래와 같이 문자교정지도 연구 프로젝트 창이 열린다.

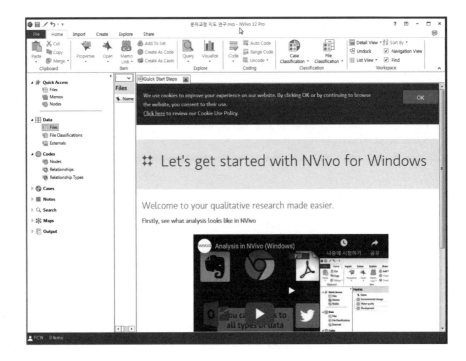

상단의 리본에서 Import을 클릭

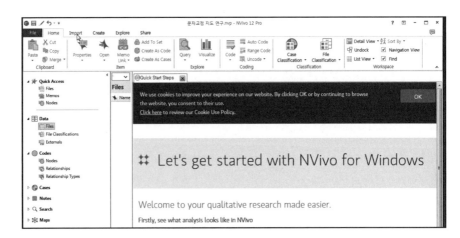

Project를 클릭

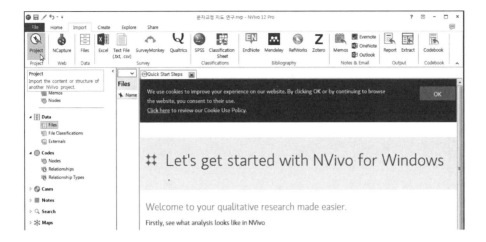

Browse를 클릭

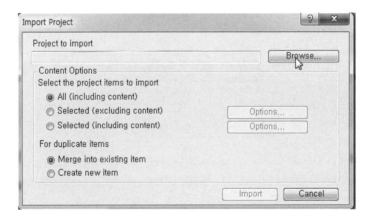

연구자 컴퓨터 바탕화면에서 NVivo 12 워크샵 관련자료를 클릭

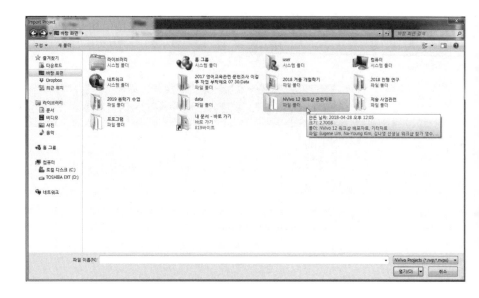

NVivo 12 워크샵 배포자료 폴더 클릭

백업파일 클릭

Framework matrix 클릭

열기 클릭

Import을 클릭

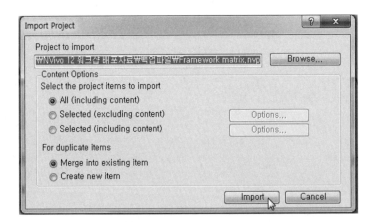

아래와 같이 PDF로 된 논문이 들어 온 것을 알 수 있다.

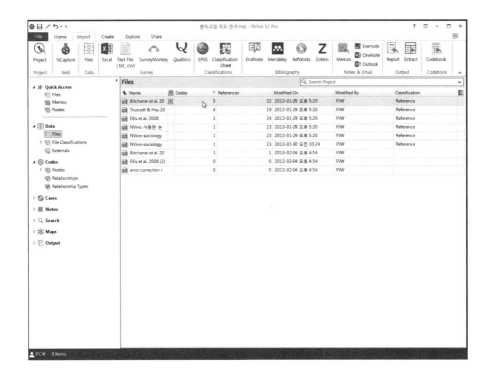

불러온 pdf 파일을 선택하고 shift 화살표 아래를 누른다.

영어 논문 모음		
Name	Nodes	References
Bitchener et al. 2005	5	32
Ellis et al. 2008	2	24
NVivo 사용한 논문의 예	1	23
NVivo-sociology	1	22
NVivo-sociology 2	1	22
Truscott & Hsu 2008	4	19

오른쪽 마우스 클릭 〉 Create As 〉 Create As Case Nodes를 클릭

이 작업을 하는 이유는 논문의 저자명을 case node로, 논문에서 코딩된 내용을 노드로 정하고 행과 열을 배치하기 위한 작업으로 매우 중요한 작업이다.

새로 불러온 PDF 파일 중에서 Bitchener를 두 번 클릭

아래와 같이 Bitchener 논문을 볼 수가 있다.

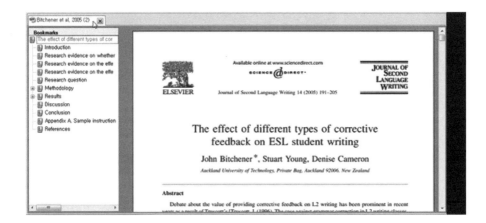

좌측의 노드를 클릭하면 진행 중인 코딩 목록을 볼 수 가 있는데 이미 코딩이 된
것에는 같다 붙이기를 하고 코딩을 새로 만들려면 New Node를 만들어 나간다.

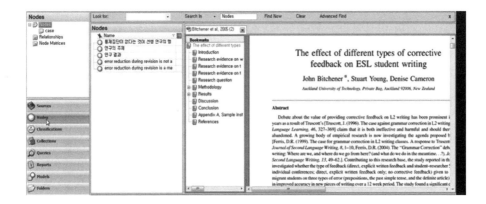

새로운 노드를 만들려면 논문에서 해당하는 단어, 구, 절을 선택한다. Code Selection 〉 Code Selection at New Node를 클릭한다.

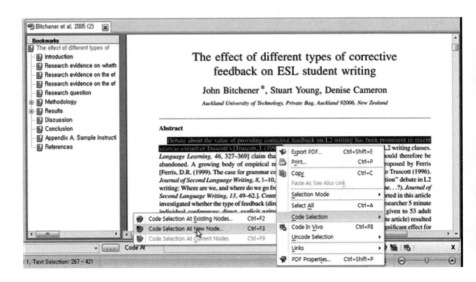

Truscott의 비판이라고 입력하고 OK를 클릭한다.

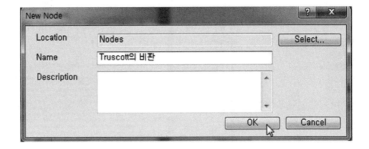

Node에 Truscott의 비판이라는 목록이 나오는 것을 볼 수 있다.

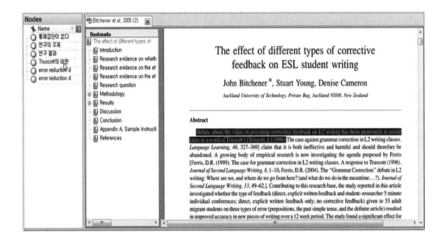

계속해서 노드를 만든 후에 Sources를 클릭한다.

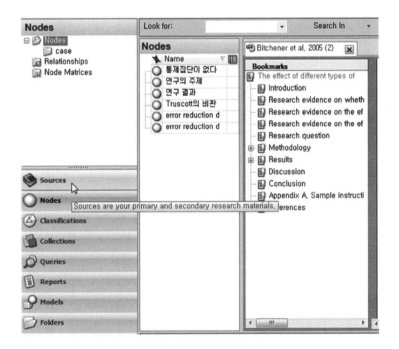

Sources 〉 Framework Matrices를 선택한다.

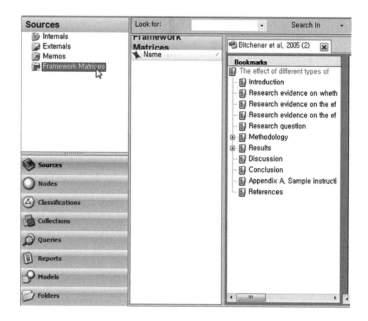

Sources 〉 Framework Matrices 〉 New Framework Matrix를 클릭

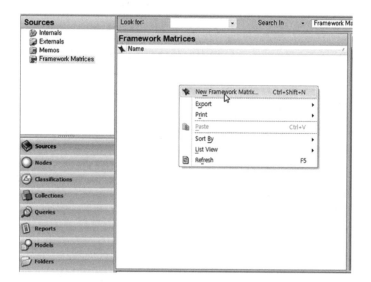

New Framework Matrix 〉 test를 입력하고 Rows를 클릭

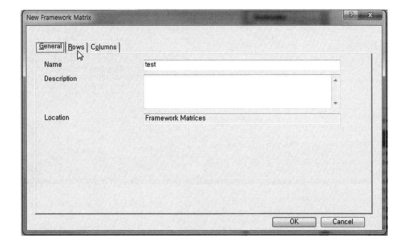

Rows 〉 Select를 클릭한다.

Nodes 옆에 플러스 표시를 클릭

Nodes 아래의 Case를 클릭

위에서처럼 저자 목록이 나온다. 연구자가 코딩한 내용은 Nodes에 모으고 논문 목록은 case Nodes로 정리를 하는 것이 매우 중요하다. Framework Matrix에서는 저자 목록과 코딩한 내용을 행과 열로 배치해서 검색을 해야만 원하는 결과를 볼 수가 있기 때문이다.

case에 나오는 저자 목록을 모두 클릭하고 OK를 클릭

Columns를 누른다.

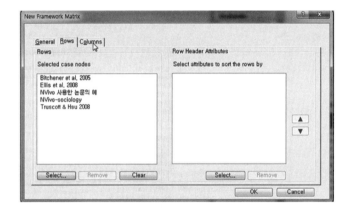

Nodes를 누르고 하부 노드를 전부 누른다.

OK를 클릭

아래와 같이 test Framework Matrix가 만들어진다.

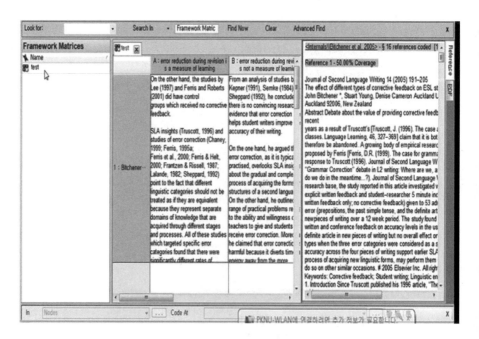

위에서처럼 왼쪽에는 저자, 오른쪽에는 코딩한 내용을 볼 수 있다. 위의 경우는 코딩된 내용을 마구 나열했을 뿐인데 이것을 요약해서 도표 하나로 모두 정리가 가능하다. 맨 위로 올라가서 Analyze를 누른다.

Analyze 〉 Auto Summarize를 클릭

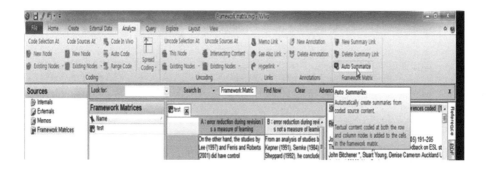

8개의 요약을 했다는 결과 보고가 나온다. 확인을 클릭

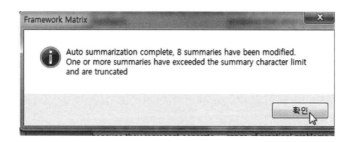

Bitchener의 경우 코딩한 모든 것을 볼 수 있다.

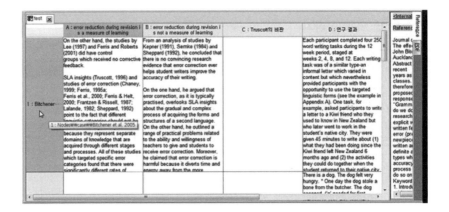

나머지 저자의 경우도 스크롤바를 아래로 내려 클릭하면 전부 볼 수 있다.

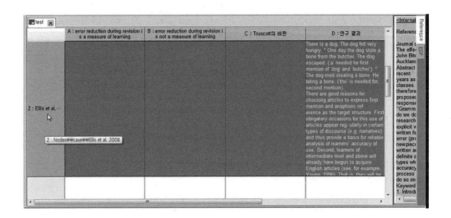

이 기능은 이전에 논문을 수작업으로 정리해 나가는 것보다는 훨씬 좋아 보이는데, 왜냐하면, 한 페이지에 논문에서 이야기하고 싶은 것을 모두 정리해서 볼 수 있기 때문이다.

다음은 학술대회 발표 제안서로 위의 Framework Matrix기법을 활용하여 문자교정지도 선행연구에서 연구 필요성을 도출하고 도식화한 예이다.

Effects of direct vs indirect feedback on the accuracy, fluency, and complexity of students' writing.

Chongwon Park

Pukyong National University

1. Introduction

In writing class, students always make mistakes, and teachers give feedback to them. How teachers perceive students' errors could yield totally different results. Regarding how to deal with students' errors, language acquisitionists and writing practitioners take totally different stance in defining language learning or acquisition. Writing acquisitionists did not see revision as a proof of language acquisition and devised pre and post-test design by mostly focusing on a single item like article. In contrast, writing practitioners mostly explored students' writing revision investigating multiple errors. By adopting dynamic written corrective feedback suggested by Evan's et. al (2010), which incorporates writing practitioners and acquisitionists' perspectives, this study was conducted to understand the effects of direct vs indirect feedback on the accuracy, fluency, and complexity of students' writing when other extraneous variables are assumed to be controlled.

2. Literature Review

From the comprehensive review of literature, it was indicated that the effect of feedback modes on the students' writing accuracy did not provided univocal voices. Some studies show positive effect of indirect feedback, for example, Lalande (1982), Ashwell (2000), Chandler (2003), Ferris (1997), and Ferris and Roberts (2001). Others, however, support positive effect of direct feedback, for example, Carroll, Roberge, and Swain (1992), Nassaji and Swain (2000), Sheen (2007), Sheen (2011),

Bitcherner (2008a), and Bitchener and Knoch (2008b). Moreover, studies like Bitchener and Knock (2009), Bitchener and Knock (2010), Robb, Ross, and Shortreed (1986), and Semke (1984) do not show any differences between the two modes of feedback. Table 1 capsulizes detailed description of previous studies and their extension to current study.

TABLE 1

A Detailed Description of Previous Studies and Their Extension to Current Study

Main focus of the study	Previous studies	Current study
Feedback modes	Direct vs Indirect	Dynamic written corrective feedback
Error items emphasized	Article or some linguistic errors	Linguistic, organization, and content
Modes of acquisition	Accuracy	Accuracy, fluency, and complexity
Genre	Narrative	Opinion
Research period	Short and long term	Short and long term
Strategy of inquiry	Quantitative	Quantitative
Measurement range of errors	100 per words or unknown	100 per words
Data collection and analysis	Learners' writing samples	Learners' writing samples
Students' writing proficiency	Intermediate or unknown	Intermediate
Number of subjects	20-72	63

As one can notice from table 1, direct vs indirect feedback still requires on-going inquiry. Although the previous studies shed light on the current study, further study is still needed in terms of a new piece of writing to see the acquisition, short and long term investigation, comprehensive feedback including linguistic, organization, and content, genre differences like opinion paragraph, and modes of acquisition like accuracy, fluency, and complexity. Thus, the research hypotheses of this study are as follows.

Between the two modes of feedback, which feedback mode strongly affect short-term period of writing in terms of accuracy, fluency, and complexity?

Between the two modes of feedback, which feedback mode strongly affect long-term period of writing in terms of accuracy, fluency, and complexity?

Are there interaction effects between the two modes of feedback?

1. PDF 파일 변환

PDF 문서 중에는 자르기와 붙이기가 가능한 형태의 문서도 있으나 확장자가 jpg인 경우에는 NVivo로 불러 올 때는 별도의 작업을 요한다. 여기에 대해 살펴보도록 하자. 다음의 이은주와 김영규의 연구의 경우 jpg로 되어 있는데 jpg를 PDF로 바꾸고 다시 Word 문서로 바꾸는 데는 2019년 1월 현재 두 가지 방법이 있다. 무료일 경우 Naver에서 변환 작업을 할 수가 있고, 유료인 경우 ABBYY Finereader를 이용하는 방법이 있다. Naver로 작업을 하려면 기본적으로 PDF 파일로 확장자가 준비가 되어야만 가능하다. 유료 프로그램인 ABBYY Finereader는 모든 형태의 파일로 변환이 가능한데 여기에 대해 살펴보자.

138   이 은 주·김 영 규

에 기여하고자 한다.

III. 어휘다발 분석을 위한 어구색인 프로그램

외국어교육 분야에서 코퍼스의 수집과 코퍼스 분석 연구의 팽창으로 다양한 어구색인 프로그램이 개발되었으며 많은 응용언어학자와 영어교육학자가 연구와 교수에 어구색인 프로그램을 사용하고 있다(부록 참고). 코퍼스 언어학에서 주로 사용되고 있는 어구색인 프로그램으로는 MonoConc Pro, WordSmith, AntConc, SARA(SGML Aware Retrieval Application), XAIRA(XML Aware Indexing and Retrieval Architecture), ICECUP(ICE Corpus Utility Program) 등을 들 수 있다. 코퍼스 분석에는 그 형태와 연구 목적에 따라서 다양한 종류의 어구색인 프로그램이 사용되고 있는데 본 논문에서는 특히 어휘 연구 중에서 어휘다발 분석을 위한 어구색인 프로그램을 선정하여 소개하고 비교하고자 한다.

1. 어휘다발 분석을 위한 어구색인 프로그램의 선별 기준

본 논문에서 소개할 어휘다발 연구를 위한 코퍼스 어구색인 프로그램은 다음과 같은 기준으로 선별되었다. 첫째, 코퍼스 연구에서 사용할 수 있는 여러 가지 어구색인 프로그램 중 연구자가 수집한 코퍼스 파일을 직접 분석할 수 있는 소프트웨어를 선정하였다. 즉, 본 논문에서 비교할 어구색인 프로그램은 특정 코퍼스가 아니라 일반적인 아스키(ascii) 형식으로 된 파일을 분석할 수 있는 프로그램으로 한정시켰다. 따라서 ICECUP(ICE Corpus Unitility Program)과 같이 ICE-GB의 데이터만을 분석할 수 있도록 프로그램 되어 있는 소프트웨어는 본 연구의 분석대상에서 제외되었다.

둘째, 다양한 어구색인 프로그램 가운데 어휘다발 분석이 가능한 소프트웨어에 중점을 두었다. 따라서 일반적으로 많이 사용하고 있지만 어휘다발 분석이 불가능한 MonoConc Pro와 같은 프로그램은 본 연구에서 제외되었다. 셋째, 사용자 용이성과 어휘다발을 비교적 쉽게 변별할 수 있는 효율성이라는 관점에서 프로그램이 선정되었다. 사용자 용이성은 프로그램 인터페이스에서 사용의 용이성을 의미하고 효율성은 어휘다발의 조합을 추출해 내는 기능에 대한 평가를 의미한다.[2] 마지막으로, 실제 교육 환경에서의 사용 가능성을 염두에 두고 비용의 적정성을 고려하여 무료로 사용 가

2) 사용의 용이성은 특정 인터페이스의 익숙함의 정도 또는 프로그램의 직관성과 같은 다양한 기준이 사용될 수 있다. 본 연구에서 사용한 사용자 용이성의 판단기준은 사용자가 어휘다발과 같은 요소를 쉽게 찾고 사용하며 그 요소로부터 명확하게 의도한 결과를 얻을 수 있는지 여부이다.

연구자 컴퓨터 바탕화면에서 ABBYY Finereader를 클릭

PDF로 변환 클릭

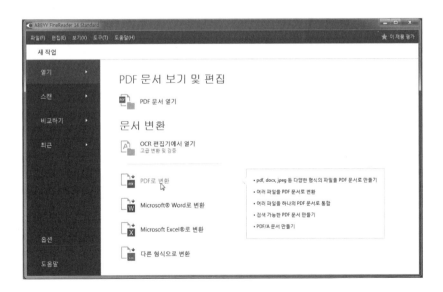

NVivo 12 워크샵 관련자료 클릭

NVivo 12 워크샵 배포자료 클릭

주요 기능 업데이트 클릭

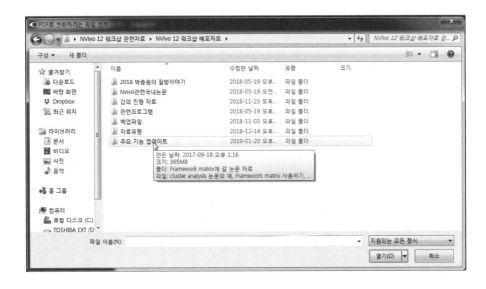

이은주 김영규 사진으로 된 문서 선택

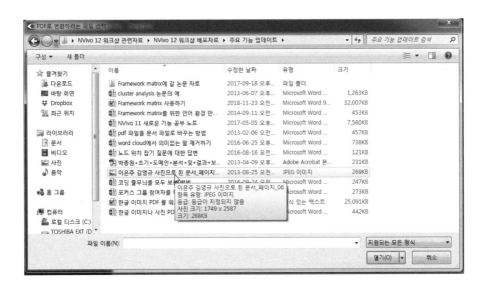

열기를 클릭

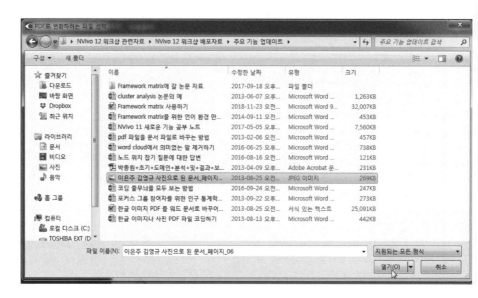

PDF 변환을 클릭

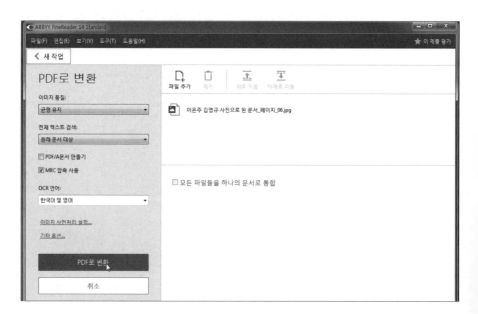

바탕화면을 선택

저장을 클릭

다음과 같이 바탕화면에 저장이 된 것을 확인할 수 있다.

ABBYY FineReader 파일 클릭

다음으로 변환 〉 Microsoft Word 선택

바탕화면 〉 이은주 김영규 사진으로 된 문서 선택

열기를 클릭

Word로 변환 클릭

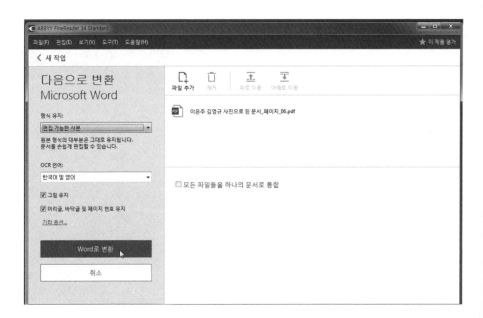

60

저장 클릭

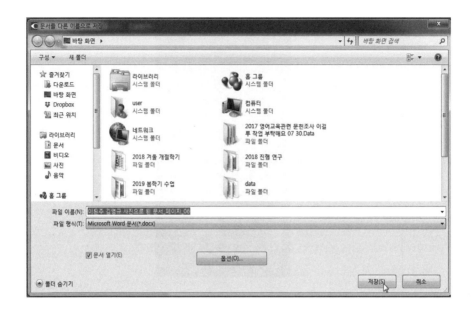

아래와 같이 상태 도구 창이 뜬다.

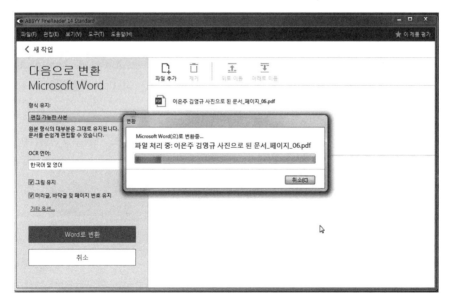

바탕화면에 아래와 같이 워드 문서로 변환된 결과물을 확인할 수 있다.

이은주와 김영규 문서가 PDF 파일로 만들어졌기 때문에 이번에는 Naver에서 PDF를 워드 문서로 변환하는 방법을 살펴보도록 하자. 인터넷에서 https://smallpdf. com을 클릭하면 아래와 같은 창이 뜬다.

파일 선택을 클릭

바탕화면 〉 이은주 김영규 사진으로 된 문서 선택

열기를 클릭

아래와 같이 업로드 그리고 변환을 진행한다.

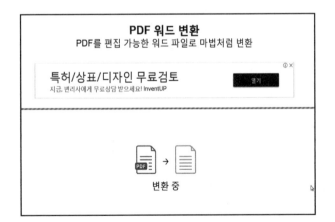

아래와 같이 진행 창이 나오고

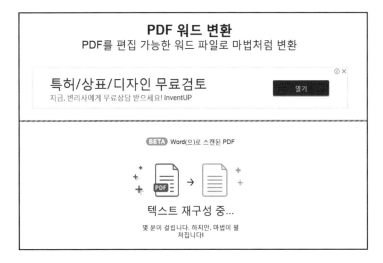

최종 결과물을 다운로드 받을 수가 있다.

ABBYY와 비교하자면 변환 시간이 더 걸린다는 것과 Naver에서 이 기능을 사용할 경우 1페이지로 제한이 되는데, ABBYY에서는 1회 최대 작업량이 50페이지에 달한다는 것이니 선택은 독자들에게 맡기는 것이 좋을 듯하다.

2. Framework matrix를 위한 언어 환경 바꾸기

아래와 같이 컴퓨터 제어판으로 간다.

아래에서 국가 및 언어를 설정

국가 및 언어에서 형식을 미국 영어로 바꾸고 적용

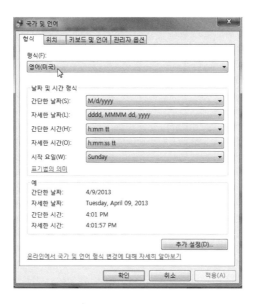

위치에서 미국을 선택하고 적용

관리자 옵션에서 시스템 로컬 변경을 선택한다.

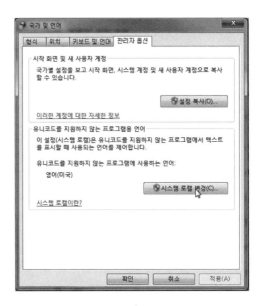

영어(미국)를 선택하고 확인을 클릭한다.

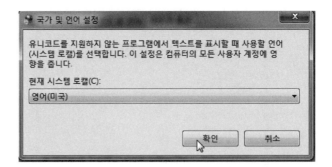

컴퓨터를 재부팅한다.

제 4 장

NVivo를 활용한 문자교정지도 선행연구 고찰

지금부터는 NVivo를 주된 도구로 활용한 선행연구를 주제별, NVivo 분석 기법의 실제, 그리고 연구 결과로 나누어 살펴 보도록 하자.

1. 주제별로 살펴본 NVivo를 활용한 문자교정지도

다음의 표에서 문자교정지도 관련 NVivo를 사용한 논문에서 주로 다룬 내용을 저자 별로 분류를 하였다.

표를 자세히 세분화해서 살펴보면, 학습자 신념 (Akiyama, 2016; Alkhatib, 2015), 교사의 신념 (Alkhatib, 2015; Li and Barnard, 2011), 학생과 교사의 인식 (Handley, Szwelink, Ujma, Lawrence, Milar, and Price, 2007; Hyland, 2013b; Mohammedi, 2016; Sharif and Zainuddin, 2016), 영작 자동 평가기 및 작문 평가 전반 (Dikliand Bleyle, 2014; Li, Link, and Hegelheimer, 2015; Moon and Pai, 2011; Glover and Brown, 2015), 교사가 제공하는 텍스트 (Hyland, 2013a), 이상적인 문자

교정지도 방안 (Long, 2014; Mahmud, 2016), 침묵 (Mirzaee and Yaqubi, 2016), 피드백 상호 작용 (Unlu and Wharton, 2015), 그리고 작문 성취도 방안 (Xianwei, Samuel, and Asmawi, 2016)에 대해 연구가 진행되어 온 것을 알 수 있다.

저자	주제
Akiyama (2016)	오류와 문자교정지도의 지원. 이해력과 관련한 문자교정지도의 실제에 대한 학습자 신념
Alkhatib (2015)	교사의 신념, 학생의 선호도 그리고 교수 실제
Amara (2015)	문자교정지도 교사 논평에 대한 아랍 학습자의 인식
Dikli and Bleyle (2014)	영작 자동 채점 체제의 사용
Glover and Brown (2015)	과학 교육에서 형성 평가의 효율성 증대
Handley, Szwelink, Ujma Lawrence, Milar, and Price (2007)	피드백 과정에 대한 교사와 학생의 경험과 참여
Hyland (2013a)	이차 언어 작문 연구의 범위를 교사가 제공하는 텍스트의 범위를 확장해서 이동
Hyland (2013b)	작문 수업에서 학생에게 교사가 제공하는 피드백은 무엇이고 학생의 전공, 학과 작문, 학습, 그리고 교사와 학생간의 관계에 대한 태도에 주는 영향
Li and Barnard (2011)	미숙하고 경험이 없는 파트 타임 교사의 믿음과 실패
Li, Link, and Hegelheimer (2015) Hegelheimer (2015)	영작 자동 평가기를 사용한 문자교정지도가 작문의 정확도에 미치는 영향
Long (2014)	모범적인 문자교정지도의 개념
Mahmud (2016)	영어 교사가 사용하는 문자교정지도의 형태 결정
Mirzaee and Yaqubi (2016)	작문 관련 회의에서 교사와 학생간의 대화에서 나타나는 '침묵'의 서로 다른 기능
Mohammedi (2016)	EFL 학생과 교사간 문자교정지도 관련 인식과 실제 탐구
Moon and Pai (2011)	영작 자동 평가기의 단기적 효과
Sharif, Zainuddin (2016)	성찰적 수필 글쓰기에 대한 학생의 인식, 학생의 성찰적 수필 글쓰기에 대한 교사 피드백의 본질, 그리고 학생들의 인식
Unlu and Wharton (2015)	학술적 작문에서 피드백 상호작용에 대해 기술하고 이론 구축하기
Xianwei, Samuel, Asmawi (2016)	비즈니스 영작에서 동료의 비평 피드백이 피드백을 받은 동료의 작문 내용을 개선하는 방법

2. NVivo를 활용한 분석 기법의 실제

2.1. Mohammedi (2016) 연구의 예

연구 질문 – 문자교정지도에 대한 교사 및 학생의 인식은 어떠한가?

연구 자료 – 교사 인터뷰, 학생 인터뷰

분석 도구 – NVivo 11 starter

NVivo에서 사용한 기능 및 목적

1) word frequency query: 코딩 초기 단계에 자료에서 가장 빈번하게 등장하는 단어
   파악을 하고 코딩에 대한 아이디어 얻기

2) 워드 클라우드: 결과물을 시각화된 형태로 보기

3) Comparison diagram: 두 개의 범주를 비교를 하기 위하여

워드 클라우드

결과물은 시각화된 형태로 볼 수 있는데, 폰트 크기나 단어의 위치가 중요도를 나
타낸다.

교사 인터뷰에 대한 word frequency query

인터뷰는 여섯 개의 질문으로 구성이 되고, 각각의 질문은 설문지의 범주와 관련된 아이디어에 관한 것이다. 예를 들어 첫 번째 질문은, "학생들이 작문이나 문법 규칙에 초점을 둘 때, 학생의 작문 오류를 수정하는 것을 선호합니까?"이다. 이러한 활동을 통해 학생들이 규칙을 내재화하고, 한 번에 한 번씩 언어를 마스터 하나요? 응답자는 문법 규칙을 향상시키기 위해 초점을 둔 피드백을 사용 하거나 학생들이 문법 구조를 내재화하는 데 도움이 되었는지의 여부에 대하여 답을 해야 한다. 인터뷰는 분명 설문 문항의 답을 지지하고 정당화하는 보조 도구로 연구에서는 활용이 되었다. 이러한 이유로 연구자는 하향식 코딩 접근 방법을 사용하게 되었다 (Urquhart, 2013). 하향식 코딩 접근 방법은 설문지의 범주와 같은 주 코딩으로 사용된 하나의 코딩 세트를 말하는데 논문에서: Focused Feedback, Unfocused Feedback, Indirect Feedback, Direct Feedback, Content feedback and Form Feedback을 말한다. 물론, 응답자의 답변에서 나온 중요한 아이디어는 다른 코딩과 함께 시각화하고 보여 주었다. NVivo 소프트웨어를 통해 Focused Feedback을 시각화함으로써, 아래의 그림과 같이, Focused Feedback을 선호하는 교사 수와 답변에서 코딩이 된 백분율 적용 범위는 13.40%인 것을 알 수 있다.

교사 응답자는 문법적 오류를 다루는 데 있어 focused feedback의 사용을 옹호한다. "T31은 문법/작문 규칙에 초점을 두는 것을 선호하는데, 이유는 작문을 배우고 향상시키려면, 초점을 두는 것이 유리하다는 것이다." 그리고 "T171은 물론 학생들에게 완전히 흡수가 되려면 문법 규칙은 반복적으로 가르쳐줘죠." 그러나 일부 교사는 focused feedback에 대해 중도적 입장을 취하는데, "T13-1은 언어 사용에서 일반적으로 중요한 양상에 초점을 두어야 한다고 생각한다." 그리고 "T15는 반복이 필요하면 규칙의 유형에 따라 오류 수정을 한다."라고 하였다.

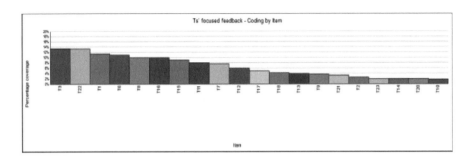

Focused Feedback에 대한 교사의 견해 (N=23)

Unfocused Feedback과 관련 지어 아래 그림을 보면, 소프트웨어의 소스에도 나타났듯이, 교사들이 이 방법을 그리 선호하지 않는 것으로 알 수 있다. 그러나 응답을 보면, Unfocused Feedback에 대해 언급이 많고 백분율 적용 범위가 12.10%로 상당한 비중을 차지하는 것을 알 수 있다. 대부분의 교사가 학생들의 오류를 모두 수정하는 아이디어에 대해서는 반대한다. "T6-1은 학생들이 붉은색으로 덮어버린 작문 오류 교정지를 받기를 싫어하겠지만, 적어도 하나 이상의 교정은 필요하다."고 하고 "T8은 오류 전체를 수정할 때, 학생들은 의기소침해지고 결과적으로는 문자교정 자체에 관심을 잃게 될 수도 있다." 고 말하며, "T9는 학생들이 모든 오류를 모두 수정을 하면 주의를 빼앗길 수도 있다." 고 말한다.

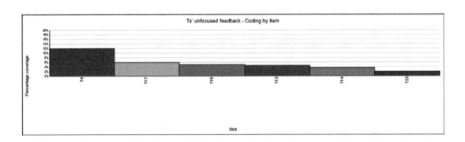

Unfocused Feedback에 대한 교사의 견해 (N=23)

위의 두 개의 범주는 NVivo에서 comparison diagram technique을 사용하여 비교

를 할 수가 있는데, 아래의 그림은 Focused와 Unfocused Feedback 둘 다를 선호하는 교사도 있었는데, 학생들의 어학능력이나 작문 유형이 변수로 작용할 수 있음을 강조한다. focused feedback만을 고집하는 경우도 있으나 대부분은 Focused Feedback을 선호하였다.

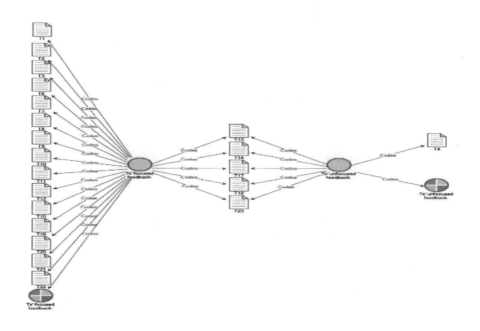

Focused/Unfocused Feedback에 대한 교사 견해 비교

아래의 그림은 전체 응답의 11.92 %를 차지한 Indirect Feedback에 대한 교사 선호도를 나타낸다. 교사는 간접 교정을 부정기적으로 사용하는 이유에 대해 학생의 어학 능력과 시간 부족에 있다는 점을 강조한다. "T8- 제가 보기에는 학생들이 사소한 오류는 자기네들이 스스로 고칠 수 있다고 생각해요. 교정 코드를 학생들이 이해를 못하기 때문에 교정 코드를 주지 않습니다. 추가로, 간접 교정이 학생들에게 도움이 되지 않는다고 생각해요.", "T23 – 간접 교정을 시도해 보긴 했는데, 학생들의 어학 능력이 낮아 어려웠어요.", "그리고 T6-간접 교정을 해 주면 어학 수준이 상인 학생들만 자기 발견을 통해 규칙을 배우고 기억해요. 수업시간에 활

동을 할 시간은 없지요. 간접 피드백은 어학 능력이 낮은 학생들에게는 좌절감만 주는 식이에요."

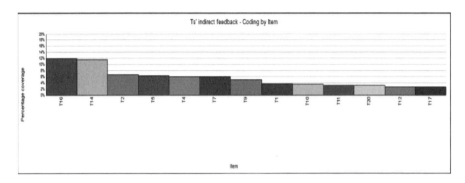

간접 피드백에 대한 교사의 견해(n= 23)

아래의 그림에 따르면 직접 교정 선호도가 14.39 %를 차지하고 있다.

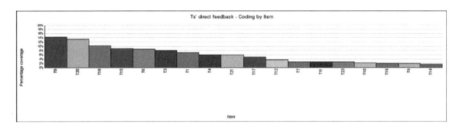

직접 교정에 대한 교사의 견해(n= 23)

두 범주의 백분율 적용범위의 차이와 더불어 아래의 그림은 교사가 선호하는 것을 나타낸다. 10명의 교사가 간접과 직접 피드백에 대해 답하고 있는데, 3명의 교사는 간접 피드백을 선호하고, 반면에 7명은 직접 피드백을 선호한다고 답을 했다.

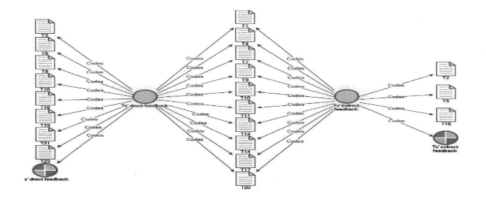

Figure 7: 간접 및 직접 피드백에 대한 교사 견해의 비교

　학생 작문의 내용에 관한 피드백 관련해서, 아래의 그림에 따르면, 백분율 적용
범위가 9.05%로 나타났다. 교사들이 말하기를, "T21- 의미가 더 중요하지요.",
"T19-제가 보기에는 문법 보다는 의미나 아이디어가 더 중요하다고 생각해요.",
"T17- 의사소통이 언어의 핵심이지요. 학습은 구속이 되어서는 안 되요. 지나치게
오류 수정을 하면 학생은 자신감을 잃게 되요." 이러한 오류 수정에 대한 교사 간
이견은 그들의 경험에서 오는 차이와 교수 맥락에 기인한다 (Pennington, 1996).
학생의 어학 능력, 목표어 학습에 대한 학생의 목적, 그리고 오류 유형 등이 언급되
기도 하였다 (Hendrickson, 1984).

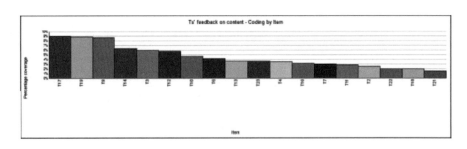

내용 피드백에 대한 교사의 견해(n= 23)

아래의 그림은 형태 피드백과 관련한 교사의 선호도가 전체 백분율 적용 범위의 7.99%를 차지하고 있다고 보고한다.

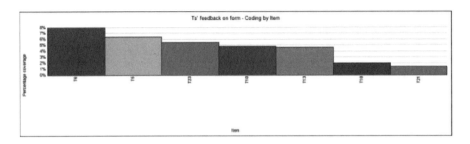

형태 피드백에 대한 교사의 견해(n= 23)

좀 더 자세히 비교해 보면, 한 명의 교사만이 형태 교정을 선호하긴 하나 6명의 교사는 양자가 같은 수준의 중요성을 띠우며, 글을 잘 쓰려면 서로 상호보완적으로 작용해야 한다고 주장한다. 그러나 나머지 면담자들은 시간의 경과에 따라 습득을 할 수 있는 문법, 철자, 그리고 구두점과 같은 형태보다는 내용을 더 선호하였다.

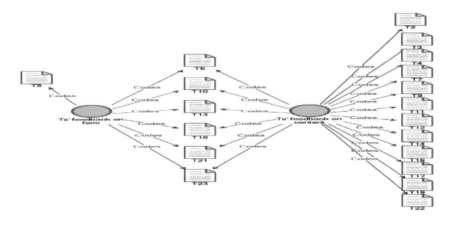

내용과 형태 피드백에 대한 교사 견해 비교

교사 인터뷰에서 반복적으로 언급되고 있는 또 다른 양상은 학생 수준이다. 아래의 그림에서, 교사는 피드백의 양, 유형, 그리고 시기를 결정한다. 여기에 해당하는 코딩이 전체 백분율 적용 범위의 7.45%를 차지한다.

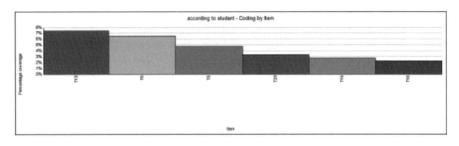

학생 수준 (n= 23)

다른 코딩은 작문 과업 유형과 교사가 의도한 목적으로 전체 백분율 적용 범위의 4.31%를 차지하였다.

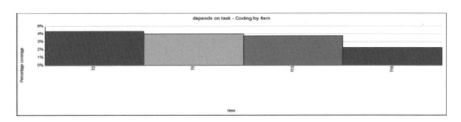

과업과 목적(n= 23)

연구 질문 5의 결과 및 보고

교사가 제공하는 문자교정지도에 대해 학생들은 어떻게 생각하는가?

학생 인터뷰는 6개의 질문으로 구성이 되었는데, 교사의 문자교정지도 선호도 설문지, 학생의 문자교정지도에 대한 선호도 조사 설문지, 그리고 교사 인터뷰의 항목 중에서 6개의 질문을 추출하여 학생 인터뷰의 질문 내용을 정하였다. 학생 인터뷰 자료는 결과를 시각화하는데 도움이 되는 NVivo starter 11를 사용하여 분석하였다. 인터뷰에서 각각의 질문 문항은 설문 조사의 각 문항에 해당이 되는 것인데, 예를 들면, 4번 질문의 경우, "4-교사가 작문 오류 부분을 정확하게 지적하는 것을 선호하는가? 이렇게 하면, 학습 시간을 절약할 수 있을 까? 직접 교정을 하면 글을 잘 쓸 수 있을까?" 직접 교정의 효과를 물어 보는 것으로, 코딩은 설문지 문항에서 나온 범주 유형에 따른 것이다. 설문지 문항을 바탕으로 하였기 때문에 하향식 코딩 접근 방법을 사용하였다 (Urquhart, 2013). 주제와 강하게 연관이 되는 양상은 코딩에 포함이 되지는 않았지만, 학생들이 반복해서 언급을 하는 것은 진술을 하고 시각화를 하였다. 이러한 목적을 달성하기 위하여 word frequency query 기능을 수행하였다.

학생 인터뷰 빈도 분석

다음의 차트는 Focused Feedback에 대한 학생 선호도를 보여주는데, 백분율 적용 범위는 전체에서 12.26%를 차지한다.

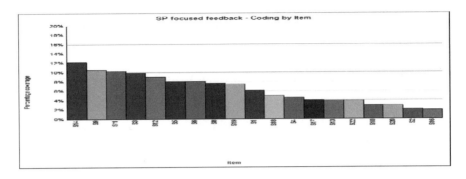

Focused Feedback에 대한 학생 의견(n=22)

아래의 그림은 백분율 적용 범위가 전체에서 10.55%를 차지하는 Unfocused Feedback을 시각화한 것이다. 학생들은 여기에 대해 말하기를, "S7-저는 오류가 적어질 때까지 작문 교사가 모든 오류를 교정을 해 주어야 한다고 생각 합니다."와 "S13-제가 여러 가지 다른 양상의 오류를 범하고 있구나 라고 하는 것을 스스로 자각하는 데 도움이 됩니다."

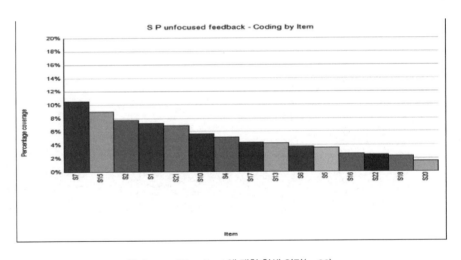

Unfocused Feedback에 대한 학생 의견(n=22)

Focused와 Unfocused Feedback 비교 다이어그램을 살펴보면, 3명의 학생이 Unfocused Feedback을 선호하고, 11명의 학생이 Focused와 Unfocused Feedback 모두를 선호한다고 답을 하고 있다. 7명의 학생은 Unfocused Feedback보다는 Focused를 더 선호한다고 응답했다.

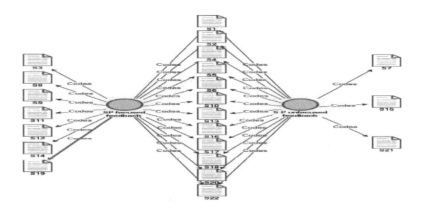

Focused와 Unfocused에 대한 학생 견해 비교

아래의 차트는 Indirect Feedback에 대한 학생 선호도를 보여주는데, 백분율 적용 범위는 전체에서 13.08%를 차지한다.

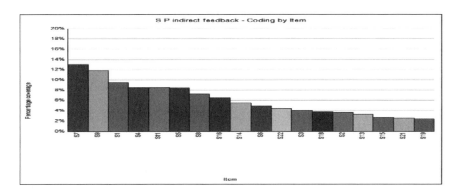

Indirect Feedback에 대한 학생 의견(n= 22)

아래의 그림을 보면, Direct Feedback에 대한 학생 선호도의 백분율 적용 범위는 11.01%이다. 학생들은 말하기를, "S1-저는 작문 초안을 수정을 하는데 도움이 되고 시간을 절약할 수 있다는 점에서 교사가 오류 형태 교정을 반드시 해야 한다고 생각해요." 그리고 "S2-작문 교사가 올바른 형태를 제시할 때, 글을 더 많이 써 보고 싶어요." 다른 학생들은 직접 교정이 자신들의 작문 실력을 향상시켜 준다고 말했다.

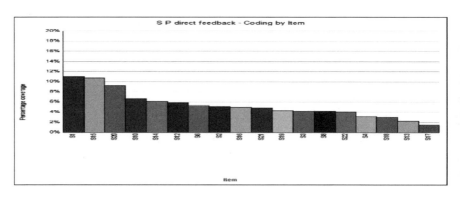

Direct Feedback에 대한 학생 의견(n= 22)

다음의 그림은 두 가지 종류의 피드백 유형을 비교하고, 학생들의 선호도를 자세히 논하였다. 간접 교정과 직접 교정은 각각 4명의 학생이 선호한다고 응답했다. 숫자는 같으나 레퍼런스에서 빈도수는 다르게 나왔다. Indirect는 26번 등장하였는데, 백분율 적용 범위는 13.08%이다. 반면에 Indirect는 21번 등장하고 백분율 적용 범위는 11.01%이다. 결과적으로, 연구에 참여한 학생들은 간접 교정 방식을 직접 교정 방식보다 더 선호하였다.

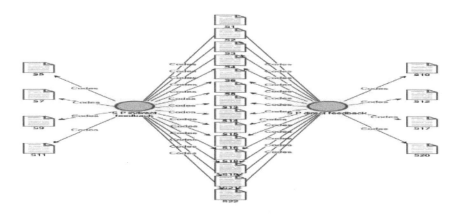

Indirect와 Direct Feedback간의 학생 의견 비교

내용 교정과 관련해서, 학생들의 선호도는 전체 백분율 적용 범위에서 9.38%를 차지한다.

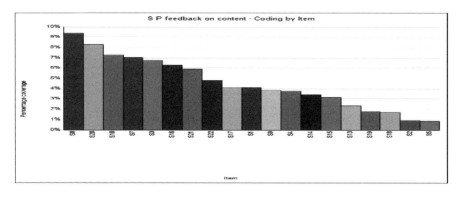

내용 피드백에 대한 학생 의견(n= 22)

그러나 Form Feedback은 아래의 표에서처럼, 전체 백분율 적용 범위의 14.21% 를 차지한다.

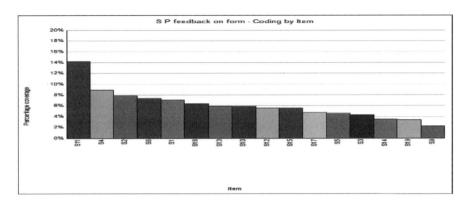

Form Feedback에 대한 학생 의견(n= 22)

다음의 그림에 따르면 13명의 학생이 두 가지 교정 방법을 모두 선호한다. 3명의 학생은 형태 중심의 교정을 선호하는 반면에 6명의 학생은 형태보다는 내용 중심의 피드백을 더 선호한다고 말했다. 학생 중에 일부는 형태나 내용 모두가 다 중요하다고 말했는데, "S2-저는 편하게 글을 쓰는데, 작문 시 철자 오류에 대해 신경을 많이 써요." 그리고 "S5-형태와 내용은 상호 보완의 작용을 하기 때문에 둘 다 중요하다고 생각해요." 의견은 비록 다양하나, 학생들은 최종 성적이 나오기 전까지 작문 개작할 시간이 있을 것이라 단언한다. "S10-기말 고사 전까지는 같은 오류를 범하지 않을 것이라 믿기 때문에 오류를 아무리 많이 범해도 그 양과 관계없이 생각나는 대로 계속 적어 나가요."

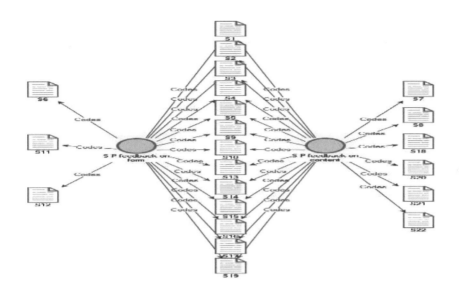

2.2. Alkhatib (2015) 연구의 예를 살펴보도록 하자. 연구 질문은 다음과 같다.

RQ1: 학생들의 작문을 문자교정지도하는 데 있어 교사의 신념에는 어떤 것이 있는가?

RQ2: 학생들의 작문을 문자교정지도하는 데 있어 학생의 신념에는 어떤 것이 있는가?

RQ3: 이러한 신념과 실제는 어느 정도가 일치하고 있는가?

RQ4: 학생들에게 작문 피드백을 제공할 때, 작문 교사의 실제에 영향을 주는 맥락적 요인은 무엇인가?

RQ5: 학생들에게 작문 피드백을 제공할 때, 교사의 실제와 학생들의 선호도는 어느 정도 일치를 보이는가?

연구자료는 인터뷰, 수업 관찰, 소리 내어 생각하기 프로토콜, 회상 자극이었고 NVivo에서 사용한 기능은 코딩이며, 주제 파악을 위하여 초기 코딩, 최종 코딩 목록을 개발 하였다 (i.e. QSR NVivo: QSR International, 2010). 논문에서 Alkhatibdl
제시한 NVivo를 활용한 자료 분석 및 시각화 관련 내용은 다음과 같다. 여기서
Alkhatib은 노드 트리 생성 기능을 활용한 것을 알 수 있다.

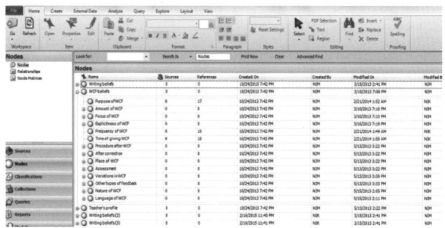

Figure 3.2 sample of a node-tree generated from an analysis of teachers' interview scripts using NVivo 10.

2.3. Akiyama (2016)의 연구 질문은 다음과 같다.

RQ1. E-Tandem 참여자의 시각에서 바라 본 문자교정지도 관련 신념은 무엇이며
시간의 경과에 따른 변화가 있는가?

RQ2. 학습자 신념과 문자교정지도 준비 간에 관계는 무엇인가?

RQ3. 학습자 신념과 성공적인 학습 사이의 관계는 무엇인가?

논문 분석을 목적으로 수집한 자료는(1) 학습자 24명에 대한 설문지, (2) Skype
오디오로 기록 (N=12), 그리고 (3) 5명의 선택된 참여자의 후속 인터뷰이다. 도출
하는 주제를 찾기 위하여 반복적으로 코딩을 하고 난 후, 연구 참여자 응답을 범주
화하고, 중요도 크기의 지표로 빈도 값을 주었다. NVivo를 활용한 시각적 자료의

보고는 없고, 주로 코딩 결과를 보고하고 있다.

2.4. Amara (2015)는 TAP을 사용하여 ESL 학습자의 교사 피드백에 대한 학습자 인식을 검토하는 탐구 조사를 하였다. 어학 프로그램의 경험 있는 교사가 피드백 제공자로 참가를 하였다. 연구자는 참여자로부터 작문을 수집하였고, 피드백 제공자가 이들에게 피드백을 제공하였다. 참여자는 연구에 3회 참여를 하였고, 각각 세 번의 서로 다른 작문을 제출 하였다. 각각의 인터뷰가 있은 후에 후속 인터뷰가 진행이 되었다.

이러한 후속 인터뷰는 연구 참여자가 자신들이 쓴 글을 다시 살펴보고, 논평을 추가할 기회를 가질 목적으로 진행이 되었다. 피드백 논평이 무엇인지를 미리 알면 피드백 논평에 대해 반응을 보이지 않을 가능성이 매우 높기 때문에, 연구 참여자는 처음에는 TAP 인터뷰 범위 내에서 피드백 논평을 읽었다. 참여자 모두가 아랍어 사용자이기 때문에, 인터뷰를 진행하는 동안 하시라도 아랍어를 사용할 수가 있었다.

TAP 절차 전체를 오디오와 비디오로 녹화를 하였고, 여기서 연구자의 역할은 연구 참여자가 말을 중지하거나 반응이 없을 때, 참여자의 사고 과정을 유발 시키는 것이다. 인터뷰 평균 시간은 15에서 25분이다. 반면에 후속 인터뷰는 3-5 분 정도로 진행이 되었다. 코딩을 하고 주제를 잡을 목적으로 NVivo로 자료 분석을 하였다. TAP 인터뷰 기간 동안에는 학생 작문 오류를 수정해 주지는 않았다. NVivo 관련 연구 결과물은 주로 코딩을 하고 분석을 한 결과에 대해 보고하고 있다.

2.5. Dikli와 Bleyle (2014)은 그들의 연구에서 아래의 연구 질문을 제시하고 있다.

(1) 문법, 관용 용법, 그리고 기계적 오류라고 하는 피드백 관점에서 대학의 ESL 학급에서 교사가 제공하는 피드백과 영작 자동 평가기가 주는 피드백 간에 차이가 있는가?
(2) 대학의 ESL 학급에서 영작 자동 평가기 사용에 대한 학생들의 인식은 어떠한가?

위의 연구 질문에 대한 답을 얻기 위하여 분석의 대상으로 삼은 자료는 학생들의 작문과 설문조사를 주로 사용하였고 연구 절차에 대해 Dikli와 Bleyle (2014)는 다음과 같이 보고하고 있다. 피드백 자료는 양적이면서 동시에 질적으로 분석을 하였다. 에세이 피드백과 설문지는 NVivo 질적 자료 분석 소프트웨어를 사용하였다. 리커트 척도는 양적으로 분석이 되었고, 반면에 개방형 학생 논평은 질적으로 분석을 하였다. 관련 결과물로는 코딩 결과를 보고하고 있다.

2.6. Glover 와 Brown (2006)은 형성 평가와 피드백의 방식을 변경함으로써 학생을 개선할 수 있을지에 관한 연구를 하였다. 설문지, 포커스 그룹, 그리고 개인 반 구조화 면담을 실시하였는데, 10회의 인터뷰를 녹음을 하고 전사를 하였고, 코딩 초기 분석은 질적 자료를 식별, 관리, 그리고 패턴을 추적해 나갈 목적으로 NVivo를 사용하였다 (www.scolari.co.uk). NVivo에서 matrix coding query를 활용하여 다음과 같은 결과를 논문에서 보고하고 있다.

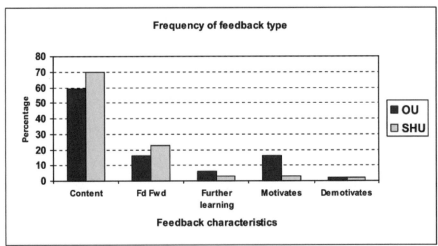

Figure 1 *Focus of types of feedback*

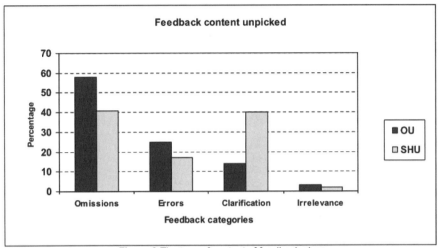

Figure 2 *The type of content of feedback given*

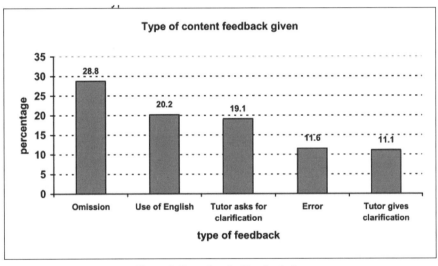

Figure 3 *Type of content feedback given*

2.7. Handley et al. (2007)는 학생이 평가 피드백에 관여하는 과정을 이해하고 개념화하기 위해 연구를 진행하였는데, 연구 질문은 학생들이 평가 피드백에 몰두하

는지 아니면 관심이 없는 것인지와 학생들의 적극적인 참여를 유도할 수 있는 방안은 무엇인지에 대해 탐구를 하였다. 연구 질문에 답을 얻기 위하여, 피드백 방법에 대한 학생의 인식을 두 가지 방법으로 나누어 자료를 수집하였다.

78명의 모듈 리더가 분석한 측정 기준 평가 양식과 교수 학습 부서에서 근무하는 5명의 연구원들이 분석한 반 구조화된 인터뷰이다.

학생 인터뷰는 녹음, 전사의 과정을 거쳐 질적 소프트웨어 페키지인 QSR NVivo에 입력을 하였다. 개방형 코딩 과정으로 전사본을 반복해서 읽어 나갔다. 개방형 코딩 과정은 광범위한 주제를 요약하거나 (학생의 피드백 경험) 분석적 해석 (학생을 안심시켜야 할 필요성)을 요약하는 코드를 사용하여 자료에서 각각 중요한 섹션을 분류하였다. Coding-on은 연구자가 학생이 말한 뉘앙스를 파악함으로써 인터뷰에서 특정 부분을 추가적으로 세심하게 분석해 나가는 과정을 말한다. NVivo와 관련해서 Handley et al. (2007)이 논문에서 제시하는 결과물은 다음과 같다.

						Feedback from:		
Case ref	Level	Cohort number	Module title	Teaching method	Key feature of assessment/ feedback method	Self	Peer	Tutor
1	3rd UG	111	Business in Context	Lecture + tutorial	Verbal and written feedback given on draft assignment. Student focuses on re-writing targeted areas			x
2	1st UG	74	Personal Professional and Academic Development in Tourism	Workshop with occasional lecture	Feedback on draft offered to all students			x
3	1st UG	78	Critical Thinking	Workshop	Exemplars; student self-assessment and action planning.	x	x	x
4	2nd UG	37	Sporting Cities	Lecture + tutorial	Experiment: feedback given before or after communicating grade			x
5	3rd UG	64	Marketing Issues	Workshop	Peer review in class time, facilitated by tutors		x	
6	2nd UG	114	Communication and Time Management	Lecture	Student self-assessment and action-planning on self-development	x		
7	1st UG	329	Organisational Information Systems	Lecture + tutorial	Comparison of student perceptions of peer and tutor feedback		x	x

Note: 'Tutorial' denotes small-group discussion following lecture or relating to a specific task; 'Workshop' denotes activity-based teaching

Table 1: Summary of key attributes of the seven completed case studies

표에서도 알 수 있듯이, Handley et al. (2007)은 NVivo의 분류, 세부적으로는 속성 기능을 논문에서 잘 활용하고 그 결과를 보고하고 있다.

2.8. Hyland (2003a)는 학생들에게 영작 과제를 부여하는 것과 과제에 대한 피드백을 제공하는 데 있어서 작문 교사가 집중하는 것에 대해 연구를 하였다. 여기에 대해 답을 얻기 위하여, 작문 교사를 중심으로 인터뷰를 진행하였고, 인터뷰 자료에서 반복이 되고, 발전을 하며, 중요한 패턴과 주제를 식별하는 방식으로 긴급 분석을 수행하였다. 따라서 분석은 '개인적인 이야기에서 보편적 요소의 방향'으로 이동을 하였다 (Polkinghorne, 1995, p. 12). 연구 관련 결과물로 Hyland (2003a)는

Matrix coding query의 결과를 아래와 같이 도식화하여 보고하고 있다.

Table 1
Distribution of tutor comments on student assignments (%).

Discipline	Content	Language	Argument	Format	Style	Totals
Biology	59.6	24.6	10.4	4.4	1.0	100
Engineering	39.5	27.5	26.3	4.2	2.5	100
Business	29.9	38.6	27.9	1.8	1.8	100
History	12.0	42.7	40.4	2.1	2.9	100
Totals	35.3	33.3	26.2	3.1	2.1	100

2.9. Hyland (2003b)는 아래와 같은 연구 질문으로 연구를 시작한다.

(1) 언어와 작문의 중요성에 관하여 교사가 학생들에게 전달하고자 하는 것은 무엇인가?
(2) 피드백의 중요성에 대해서는 학생들에게 전달하는 내용은 무엇인가?
(3) 교사와 학생 간의 관계에 대해서 학생들에게 전달하는 내용은 무엇인가?

질문에 대한 답을 찾기 위하여 인터뷰 자료를 수집하였고, 모든 인터뷰는 녹음을 하고, 전사를 해서 NVivo에 입력을 하고 코딩을 하였다. 학생들이 제출한 작문의 내용과 수업 과제에 대한 피드백 실제에 대한 자료와 레퍼런스를 여러 차례 살펴 본 후에 교사가 주는 피드백 방식, 교사의 논평, 교사의 글쓰기 방식, 반복되고 발달하는 주요 패턴과 주제와 같은 여러 주제가 도출되었다. 분석의 방향은 개인의 인식에서 공통적인 요소로 옮겨갔다. 학생 응답 자료에서 나오는 주제는 여러 가지 주제로 분류가 되었고, 대학원생 연구 조교와 연구자가 점검을 하였는데 평가자 간 일치가 카파 계수 0.8로 나타났다.

2.10. Li 와 Barnard (2011)는 자신들의 연구 참여자가 바라보는 좋은 피드백에 대한 신념은 무엇이며, 신념과 실제가 어느 정도 가까운지를 탐구하였는데, 특히 피

드백을 줄 때, 성적을 첨부해서 주면 참여자는 어떤 의미를 부여하는지에 대해 탐구하였다. 질문에 대한 답을 찾기 위하여, 설문조사, 인터뷰, 생각하며 말하기 자료를 사용하였고, NVivo를 사용한 목적은 텍스트뿐만 아니라 소리 파일을 업로드하기 위해서라고 밝히고 있다. 수집한 오디오 자료는 입력을 한 프린트 자료와 더불어 직접 전사, 관리, 코딩, 그리고 범주화를 하였다. 관련 결과물은 코딩 결과를 주제별로 보고하고 있다.

2.11. Li et al. (2015)은 아래의 연구 질문을 제시하고 있다.

1. 작문 교육의 견지에서 보았을 때, 작문 교사는 척도 1을 어떻게 사용하며 어떤 관점을 가지고 있는가?
2. 학생들은 영작 자동 평가기로 문자교정지도를 하는 것에 대해 어떻게 생각하는가?
3. 영작 자동 평가기의 사용이 학생들의 작문 실제에 어떤 영향을 주는가?
4. 영작 자동 평가기를 사용할 때, 작문 초안과 최종 본의 정확도 변화에 있어 어떤 영향을 주는가?

위의 질문에 대해 답을 얻기 위하여 인터뷰 자료를 주로 활용하였으며, 인터뷰 전사본 견본을 읽고 잠정적인 코딩 스키마를 먼저 개발했다. 여섯 명의 연구자는 각자가 NVivo 9.0이나 전통적인 수작업으로 자료에서 떠오르는 주제를 찾아 코딩을 하였다. 동료 보고의 계층을 만들고 질적 분석의 신뢰도를 개선하기 위하여 연구자는 코딩 스키마를 정교하게 다듬는 반복 과정과 도출된 주제와 세부 주제를 식별하기 위해 여러 차례 모임을 가졌다 (Denzin & Lincoln, 1994). 연구자들 중 한 명이 도출된 주제와 하위 범주를 인용을 사용하여 요약을 하였는데, 연구 결과의 타당성 확보를 위하여 질적 과정의 최종 단계에서는 연구자 간 검토의 과정을 거쳤다. NVivo 관련해서 연구 결과는 주로 코딩한 내용을 보고하고 있다.

2.12. Long (2014)은 다음과 같은 연구 질문을 제시하였다.

1. 바람직한 피드백에 대해 교사와 학생이 영향을 받는 요인은 무엇인가?
2. 바람직한 피드백에 대해 교사와 학생 간의 견해의 차이는 있는가?

연구에서 인터뷰와 전자우편을 주로 분석을 하였으며, 전사본은 NVivo 9 QDA를 사용하여 분석을 하고 코딩 결과를 보고했다.

2.13. Mahmud (2016)의 연구 질문은

영작 교사가 사용하는 문자교정지도의 유형은 무엇인가?

이며 설문지, 인터뷰, 그리고 학생 작문 내용 분석을 하였고, 교사 인터뷰와 학생 작문 내용 분석은 전사를 하고 마이크로소프트 워드 문서에 기록을 하였다. NVivo 소프트웨어를 사용하여 자료를 주제별로 코딩을 하였다.

Mahmud (2016)가 제시하는 관련 결과물은 아래와 같다.

Table 1 Comparison across data for three sources: questionnaire, interview and sample essays.

Questionnaire (N=54)	Interview (N=8)		Sample Essays – Content Analysis (n=48)	
Descriptive statistics	Reference in NVivo		No. of Occurrence (Percentage)	
Direct	Indirect	48	Unfocused	48 (100)
Metalinguistic	Unfocused	22	Indirect	39 (81)
Indirect	Direct	16	LPM Codes	37 (77)
Electronic Feedback	LPM Codes	10	Direct	30 (63)
Reformulation	Focused	10	Personal Comment	20 (42)
Focused	Metalinguistic	5	Metalinguistic	2 (4)
Unfocused	Personal comment	5	No feedback	1 (2)
Personal comment	No feedback	1	Focused	0 (0)
			Reformulation	0 (0)
No feedback	Electronic Feedback	0		
-	Reformulation	0		

먼저 기술한 상당수의 연구 결과와 마찬가지로 Mahmud (2016)도 코딩 결과 보고를 하고 있긴 하나 세 가지 서로 다른 소스를 표로 제시하고 있다는 점이 특징이라고 하겠다.

2.14. Miraze와 Yaqubi (2016)가 논문에서 제시한 연구 질문은 아래와 같다.

1. 교사 학생 간 작문 컨퍼런스에서 교사 침묵의 역할은 무엇인가?
2. 교사와 학생 작문 컨퍼런스에서 학습할 기회를 조장하거나 억제하는 유형은 무엇인가?

질문에 답을 하기 위하여 6차 작문 컨퍼런스 자료로 대화 분석을 하였는데, 전사본은 전체 분석 과정에서 NVivo 10 질적 자료 분석 소프트웨어로 불러와 작업을 하였다. 대화 분석 결과만 제공하고 있고, NVivo의 기능 중 어떤 기능을 사용하였는지는 명확하게 밝히지 않았다.

2.15. Moon and Pai (2011)는 학생들이 영작 자동 평가기를 채택하거나 거부하는 이유와 효과적인 영작 자동 평가기와 비효율적인 영작 자동 평가기의 이유와 방법에 대한 연구를 하면서, 학생의 작문 초안과 개작 그리고 설문지를 주요 자료 소스로 수집해서 분석을 하였다. 초안과 개작에서 나온 오류 유형은 질적 자료 분석 컴퓨터 소프트웨어인 NVivo 9으로 코딩을 하였다 (http://www.qsrinternational.com/). 연구 결과에서 코딩 결과를 제시하였다.

2.16. Sharif 와 Zainuddin (2017)은 학생의 작문 개작 경험에 대해 탐구하고, 교사 피드백의 효율성에 대한 학생의 관점을 조사 하였는데, 설문지, 반 구조화 인터뷰 자료를 분석 대상으로 삼았다. 설문지 자료에서 개방형 질문을 NVivo를 사용해 적절한 범주와 주제의 내용 분석을 하였고, 반 구조화된 자료도 마찬가지로 내용 분석을 실시하고 코딩 결과를 보고하였다.

2.17. Unlu와 Wharton (2013)은 특정한 교육기관 내의 학술적 목적 영어에서 작문 상호작용을 조사하였다. 좀 더 세부적으로는 피드백에 대해 학생과 교사가 의미 교섭을 해 나갈 때 취하는 행위를 다루었다. 수업 관찰, 현장 노트, 교사와 학생 간 인터뷰 자료를 수집, 분석을 하였다. 잠재적 코딩의 수가 관리가 어려울 정도로 수가 증대함에 따라, 컴퓨터를 활용한 분석을 NVivo를 사용하여 실시하였다 (QSR International Pty Ltd. Version 10, 2012). Baugh, Hallcom, 그리고 Harris (2010)는 NVivo와 같은 소프트웨어 프로그램은 코딩과 재코딩에서 융통성을 제공하고 연구자가 한시적인 코딩을 코딩 초기 단계에 할당하고 필요할 경우 정교하게 다듬어 나갈 수 있도록 도와준다고 말한다. NVivo는 하나의 코딩을 자료 내의 여러 곳에 적용하고, 원자료에서 코딩한 부분을 보고 모든 단계를 추적해 나갈 수가 있다. 아래와 같이 관련 결과물을 제시하고 있는데, 코딩 간 관계를 중심으로 보고를 하고 있는 것이 인상적이라고 할 수 있다.

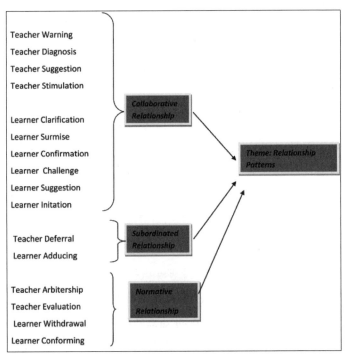

Fig. 1. Relationship patterns and corresponding teacher—student actions in one-to-one feedback interactions.

2.18. Xianwei et al. (2016)의 연구 질문은 아래와 같다.

1. 중국 학부 비즈니스 영작문에서 동료 비평 피드백의 내용은 무엇인가?
2. 동료 비평 피드백의 내용은 비즈니스 영작문 실력을 향상시키는 데 도움이 되는가?

　반 구조화 인터뷰, 비즈니스 작문 결과물, 그리고 동료 비평 피드백 결과물을 중심으로 분석을 하였다.

　질적 자료는 NVivo의 자유 노드, 트리 노드, 그리고 모델 기능을 활용해서 분석을 하였다.

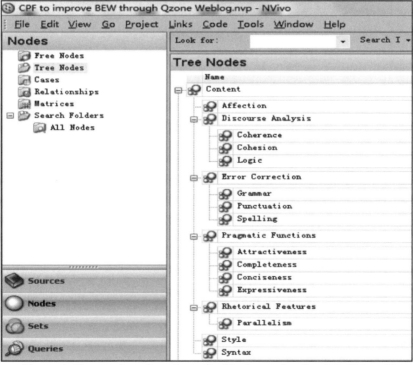

Figure 1: Tree nodes of content of critical peer feedback in Nvivo 10

인터뷰 전사본 분석과 동료 비평 피드백 결과물은 QSR NVivo 10을 토대로 결과를 도출하였는데, 인터뷰에 등장하는 동료 비평 피드백과 결과물은 다음의 7개 파트를 포함한 자유 노드로 코딩이 되었다: 오류 수정, 담화 분석, 화용론적 기능, 수사학적 자질, 애정, 스타일과 구문. 7개 파트는 트리 노드에서 분명하게 전시가 된다.

The detailed seven nodes and their "children" nodes are modeled in Figure 2.

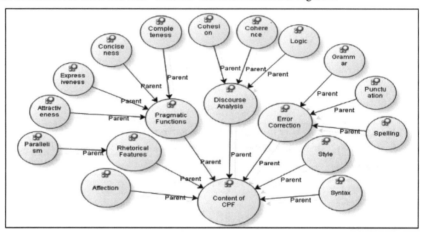

Figure 2: Nodes of the content of critical peer feedback in QSR Nvivo 10

지금까지 인용한 연구에서 NVivo 기능을 활용한 부분을 요약해서 정리하면 다음의 표와 같다.

Researchers and year	Primary function used
Mohammedi (2016)	word frequency, word cloud, comparison diagram
Alkhatib (2015)	coding results
Akiyama (2016)	coding results
Amara (2015)	coding results
Dikli & Bleyle (2014)	coding results
Glover & Brown (2006)	matrix coding query
Handley et al. (2007)	attributes
Hyland (2003a)	matrix coding query
Hyland (2003b)	coding comparison, interrator reliability
Li & Barnard (2011)	coding results
Li et al. (2015)	coding results
Long (2014)	coding results
Mohmud (2016)	coding results
Miraze & Yaqubi (2016)	Not clear
Moon & Pai (2011)	coding results
Sharif & Zainuddin (2017)	coding results
Unlu & Wharton (2013)	coding results
Xianwei et al. (2016)	coding results

표에 따르면 대부분의 논문이 앞에서 언급한 NVivo 개발자가 제시하는 다양한
기능을 활용해서 보고하지 못하고 코딩 결과 보고에 국한된 경우가 많음을 알 수
있다. 코딩이 NVivo의 가장 중요하고도 기본적인 기능이긴 하나, NVivo가 가진
잠재력을 십분 활용하기에는 아직은 유아적 단계에 머물러 있다고 평가할 수밖에
없다. 소수이긴 하나, 위의 예시에서 Mohammedi (2016)나 Hyland (2003 b)의 연
구는 단순하게 코딩 결과만을 보고하는 방식을 넘어서 word frequency, word
cloud, coding comparison, 그리고 코딩 후에 타당도 점검을 시도하는 interrator
reliability를 시도하고 결과를 보고하고 있는데 앞으로 이들과 같이 NVivo의 다양
한 기능을 활용하여 심도 있는 분석을 통한 깊이 있는 연구 결과물들이 많이 나올
것을 기대한다. NVivo는 항상 준비되어 있고 다양한 기능을 활용하여 다양한 시
각을 제공하는 것은 연구자의 일이라는 것을 부인하는 사람은 없을 것이다.

3. NVivo를 활용한 문자교정지도 연구 결과

앞에서 NVivo를 주요 도구로 활용한 연구를 주제별로 다시 9개의 세부 영역으로 분류를 하였는데, 여기에 따라 연구 결과를 정리해서 논하여 보자.

1) 학습자 신념

Akiyama (2016)는 비디오를 토대로 eTandem 학습에서 학습자들은 형태 중심의 수업을 원하나, 제한된 시간에 의사소통 중심의 교육을 해야만 하는 역설적 상황에 대해 보고한다. 따라서 문자교정이 주어져도, 이와 같은 상호관계를 바탕으로 한 교수와 학습 관계를 수립한다는 것에 어려움이 많다는 것이다. 반면에, Naoki가 언급한 것처럼, eTandem에서 참여자가 자신의 정체성을 파트너로 해석하고 면대면 활동을 어떻게 수행할 것인가에 따라 다르겠지만, 파트너 중에서 일부는 교사로서의 역할을 수행할 가능성도 있다. 또한 학습자가 선호하는 방법으로 문자교정을 제공할 때, 학습자가 이해를 더 잘한다는 사실이다. 그러나 문자교정지도 방법과 문자교정 실제에 관한 학습자 신념 간에는 관계가 없는 것으로 나타났다. Akiyama (2016) 연구가 시사하는 점은 문자교정지도가 면대면 협상과 정체성 구축과 같은 요소를 포함한 복잡한 문제이긴 하나, 성공적인 수정 작업에 학습자 신념이 역할을 한다는 것이다. eTandem에서 상호작용의 주목적이 외국어 능력 발달에 있다면, 작문 교사는 참여자가 아무리 훈련을 잘 받았다고 하더라도, 의미에 초점을 두면서 동시에 형태에 집중한다는 것은 어렵다는 것을 알아야 한다. 따라서 형태 중심의 결핍에 대한 보상으로, eTandem 각각의 세션 다음에 참여자는 유도 회상과 추가로 교실에서 형태 초점 지원이 제공되어야 한다고 역설한다. 마지막으로, eTandem을 지도하는 교사는 문자교정지도는 체면 손상을 주지 않고, 문자교정 실제는 참여자 간 의미 교섭을 통해 이루어진다는 교사와 학습자간 정체성 구축을 권장 받는 지역 사회의 실제로 교사의 정체성을 구축할 것을 권장한다.

2) 교사의 신념

Li와 Barnard (2011)는 자신의 연구에 참여한 교사들에 대해 이들이 학생들에게 문자교정을 제공하는 이유가 학생들의 언어 발달이 아니라 교사 자신과, 학생, 그리고 학생들의 작문을 평가하는 우위에 있는 자신의 지위를 정당화 하려는 것에 대해 우려를 표명한다. 학제간 교사 연구의 결과도 이를 뒷받침해 주고 있으며, 실제 피드백을 제공하는 것에 대한 의무를 접하면서, 맥락적 제약이나 기회 그리고 윤리적 딜레마를 고려한 좋은 피드백의 본질에 관한 이론적 관점에 대한 필요성을 제기한다 (e.g. Bailey & Garner, 2010; Orrell, 2006).

3) 학생과 교사의 인식

Alkhatib (2015)는 언어 교사 인식과 문자교정지도 연구 분야와 관련된 여러 가지 공헌도에 대하여 논하고 있다. 언어 교사 인식과 관련 지어 보자면, 목표 언어 맥락에서 문자교정지도와 실제 간의 관계를 검토하는 최초의 연구라고 할 수 있다 (예를 들면, 사우디 아라비아대학). 일반적으로 문헌에서 언어 교사 인지나 문자교정지도에 관한 연구가 거의 다루어지지 않은 상황을 고려해 보았을 때 (Borg, 2006), 본 연구는 선행연구의 부재인 주제를 다룸으로서 선행연구의 공백을 채워줄 것으로 기대가 된다. 더욱이, 본 연구에서, 실제는 작문 교육 시 교사의 학급 행위뿐만 아니라, 교실 밖에서 작성한 학생의 작문 텍스트를 포함시켜 광범위하게 개념화하고자 한다. 추가로, 본 연구는 교사의 신념과 실제 사이에 존재하는 불일치를 검토하고, 교사의 신념 체계에 존재하는 잠재적인 긴장을 강조하고자 한다. 본 연구는 문자교정지도 문헌에도 기여를 한다. 같은 맥락에서 문자교정지도에 관한 교사 신념과 실제 사이의 관계를 검토하고, 학생의 선호도와 교사의 선호도 간 관계를 검토함으로써, 교사와 학생의 문자교정지도에 관한 견해에 대한 통찰력을 제공하고자 한다. 대부분의 선행연구가 문자교정지도의 효율성에만 치중하고 있다는 점을 고려하면 본 연구는 공헌도가 높다고 하겠다. 더욱이, 본 연구는 교사의 문자교정지도 실제에 대하여 중요한 공헌을 한다. 좀 더 자세히 말하자면, 피드백을 제공할 때, 교사 피드백 논평을 제시할 뿐만 아니라, 교사 피드백이 실제로 제공이 되고 TAP을 사용하여 각각의 피드백이 실제로 제공되는 일련의 과정을 기술한다. 이와 같은 해명이 문자교정지도에서 필요하며, 같은 오류를 서로 다른 방법으로 다루는 방법과 (낙인을 찍은 오류, 지엽적 오류, 직접 문자교정지도) 피드백이 제공된 맥락은 무엇인지를 이해하는데 있어 매우 소중한 공헌을 할 것이다. 더욱이, 문자교정지도에 관한 학생의 견해와 선호도 연구는 교사의 철학이나 작문 실제를 오해하고 있는 학생들을 작문 교사가 인식하는 방법에 대해 조언을 얻을 수가 있을 것이다. 예를 들면, 교사가 제시한 애매모호한 논평을 이해하느라 힘들어하고 있다는 것이 지속적으로 연구 결과에서 보고되고 있다. 다른 연구에서도 학생들이 교사가 제공하는 피드백의 일부를 잘 이해하지 못하고 있다는 결과를 보고하고 있다. 이것이 시사하는 바는 학생들이 이해를 하지 못하는 것은 교사가 학생들과 대화로 풀어나가야 하고, 모두가 같은 철학적 신념을 공유하고 있다고 전제하지 말고, 자세히 설명을 해 주어야 한다는 점을 시사한다. 학생의 요구를 이해하고, 동기를 부여하고, 교사와 학생 간 대화를 강조하는 것은 문자교정지도에 관한 학생의 견해를 연구하는데 있어 매우 귀중한 통찰력을 제공해 줄 수 있을 것이다 (Ferris, 2010).

Mohammedi (2016)은 교사의 선호도, 실제, 그리고 문자교정지도에 관하여 학생 선호도에 대해 논한다. 논문에서 수집한 자료의 트라이엥귤레이션에 대해 자세히 설명한다. 학습 이론과 피드백을 주제로 한 선행연구와 관련 지어 결과를 보고하고 있다. 자연스럽게, 본 연구 결과가 다른 분야의 연구 결과와 일치 및 불일치하는 것이 무엇인지를 논한다. 마지막으로, 연구자는 향후 연구에 대한 제언을 다루고 있다.

Handley et al. (2007)은 작문 초안 수정에 대한 학생들의 반응을 기술한다. 사례 1에서의 경험과는 달리, 수정본을 제출한 학생의 수는 극히 실망할 정도로 적었다 (74명 중에서 3명). 이것은 아마도 수정본을 제출하는 것이 필수가 아니고 선택 사항이었기 때문일 것이다. 인터뷰에서 학생들은 피드백에 대해 선택을 할 수 있다는 점을 인지는 하고 있으나, 수정본을 제출하지 않은 이유는 특별히 없었다. 대신에 피드백이 불필요하거나, 시기적절하지 못하다는 복잡한 느낌을 학생들이 가졌던 것으로 판단이 된다. 예를 들면, 과업을 꼼꼼하게 읽었고 그 내용을 완전히 이해하고 있었으며, 질문이 있을 때, 모듈 리더를 복도에서 만나 물어 보았다고 한다 (학생 5). 모듈 리더와의 인터뷰에서, 다른 학생들도 이와 유사한 전략을 사용하고 있다는 것을 파악했다. 예를 들면, 'a, b, c를 포함 하는 게 좋아요?'와 '1인칭 아니면 3인칭 둘 중 어떤 것을 써야 하지요?'이다. 이러한 질문은 모듈 리더 사무실에서 나온 것이 아니고 계단이나 화장실과 같은 비공식적인 장소에서 나온 것이다. 어떤 학생은 도서관의 개인 열람실로 모듈 리더를 찾아와 이야기를 나누자고 했을 때 놀랐던 기억을 회상하기도 했다. 사무실이 아니고 화장실로 찾아 왔을 때 왜 화장실로 왔느냐고 물어 보았더니, 사무실과 화장실이 같은 층에 있기 때문이라고 대답했다.

또 한 가지 특별한 이슈는 다수의 학생들이 크리스마스 휴가 동안 외국의 고향으로 돌아가야 하고 (경우에 따라서는 크리스마스 전까지) 수정본을 제출할 준비가 되지 못한 것과 같은 기회의 타이밍으로 수정본 제출이 방해를 받게 된 것이다. 이러한 가설은 학생 인터뷰를 통해 잘 나타나 있는데, 예를 들면, 두 명의 학생 (학생 4와 5)은 초안을 제출하는 데 있어 시간 연장을 받았다. 초안을 제출한 학생 3명 중에 1명은 초안을 너무 늦게 제출하여 토의할 시간조차 확보하지 못했다. 모듈 리더는 늦게까지 학생들이 제출을 미루는 것에 대해 못마땅한 감정을 토로했다. 초안을 제출하지 않은 것에 대한 또 다른 이유는 학생들이 피드백의 본질에 대해 잘못 이해하고 있는 것처럼 보인다. 학생들은 간단한 과제는 매우 명료했다는 논평을 했다 (모듈 리더가 대화를 나눈 학생 5와 다른 학생들). 학생들은 과제는 매우 단도직입적이었고 상세했던 것에 대해 좋았고, 추가의 설명은 필요가 없었다고 말한다. 하지만 1학년 학생들은 과제에 응답하는 방식에 대해서는 좋아하지 않았다. 이러한 결과는 학생들이 여러 가지 범위의 피드백 사용-을 이끌어 나가는 인사 계발 계획 모듈의 대학 구성요소를 계발하는 데 있어 공헌도가 있다. 사례 1에서 처럼, 초안에 피드백과 주석을 달아주면, 학생들은 피드백 내용을 명확하게 확인하기 위해 모듈 리더를 만나기를 원할 것이다. 초안에 대해 토의만 하자고 하는 것은 그리 매력적이지 못하다. 일부 학생들은 대화를 어떻게 할지 잘 모르겠다고 지적한다 (이점은 스텝에게서도 제기된 부분이다). 이점은 학생들이 심각한 질문이 없는 자발적인 대화와 같은 비공식적이며 위협을 주지 않는 방식을 더 선호한다는 것을 시사한다. 한 학생이 다음과 같은 논평을 하였다. "여기 학생들은 동부 유럽에서 왔고, 모르는 것이 있을 때, 질문하는 방법을 잘 몰라요 (학생 3)."

참여자가 대학 생활 경험에 대해 시작하는 것에 관하여, 자신감이 없거나 질문하기를 두려워했는데, 이것은 교수를 비판하는 인상을 주거나, 지적이지 않다는 인상을 줄 수 있기 때문이다. 역설적으로 질문을 하거나 피드백을 찾아다니는 학생들은 자신들이 일종의 특혜를 받고 있다고 느꼈다.

Hyland (2013b)는 피드백 연구가 교사의 실제에 대해 다루고 있으나, 자신은 학생들이 이러한 작문 실제를 통해 어떤 의미를 부여하는지를 알아보았다. 피드백이 시기적절하고, 개인을 기준으로 하고, 초점을 두면, 학생들이 자신감을 가지고 작문의 중요성을 자각하지만, 형식적이고, 지연이 되며, 개인의 요구와 관계가 없으면, 이러한 메시지는 부정적이고 학술 작문 실제를 마스터하려는 학생의 노력을 뒷받침해 줄 수가 없게 된다. 현재 학생의 수행과 성취도의 기대 수준 사이의 괴리감을 드러내고, 이러한 괴리감을 극복하는 조치를 취하게 함으로서 양질의 피드백은 학습을 지원한다. (e.g. Bitchener, 2008; Bloxham & Boyd, 2007; Hattie & Timperley, 2007). 그러나 학생들은 학술적 작문의 인식론적 프레임웍을 개념화하는 데 도움이 되는 다양한 피드백을 제공 받지 못했기 때문에, 학생들은 이것이 학문 분야의 의사소통과 연계되는 부분을 알 수가 없었다. 학술 문헌과 학문 분야의 신념과 실제를 분리함으로써, 학습자와 교사는 문식력 실제를 자율적이고, 추상적이며, 학생들의 통제력 밖에 있고 따라서 학생의 의사소통의 어려움을 약점으로 볼 수도 있었다. 본 연구가 제안하려는 것은 학생들이 교사의 피드백에서 취하는 최우선의 메시지는 학술적 글쓰기는 특정한 학술 공동체와 관련이 없는 추상적이고 상대적으로 자명한 스타일의 글쓰기라는 점이다. 언어를 곤란함이 없이 다룸으로써, 학생들은 작문을 하도록 요청을 받은 맥락으로부터 분리해서 피드백을 읽고, 학문 분야별로 전이가 가능한 일련의 규칙을 단지 마스터를 해야만 하는 것으로 믿게 된다.

Sharif (2016)은 자기 성찰 글쓰기에 대해 문제, 과제, 그리고 공헌도에 대하여 학생들의 인식을 탐구하는 연구를 수행하였다. 이와 같은 견지에서, 상반된 연구 결과가 나왔으나, 대부분의 학생들이 자기성찰 작문을 도전적인 학습 과업으로 간

주한다. 본 연구 결과는 선행연구의 결과와 일치한다 (McMullan, 2006; Coleman and Willis, 2015). 자기 성찰 글쓰기에 대해 학생들이 열광적이지 못한 이유로 어학 능력의 저하, 코스 내용의 강조, 그리고 이러한 유형의 글쓰기가 자신들에게는 새롭게 느껴진다는 점을 주목할 만하다. 이러한 도전에도 불구하고, 학생들은 자기성찰 글쓰기가 큰 잠재력을 가지고 있다고 생각한다. Chappuis (2012, p. 37)는 효과적인 글쓰기는 의도한 학습에 집중을 이끌어내고, 강점을 지적하고, 언어 발달을 안내하기 위한 자세한 정보를 제공하는 것이 효과적인 피드백으로 간주한다. 본 연구는 교사 피드백의 효율성에 대한 학생의 인식을 탐구한다. 일반적으로 피드백은 긍정적이고 고무적이다. 그러나 학생들이 겪어야 할 시련은 피드백 논평이 여러 가지 양상에서 짧다는 것이다. 연구 결과에 따르면, 교사의 피드백 실제와 피드백 빈도와 내용에 대한 학생의 기대치 사이에는 괴리감이 있다는 것이다. 교사는 일반적으로 비 정기적이고 충분하지 못한 피드백을 제공하고, 반면에 학생들은 정기적이고 충분한 피드백을 원한다. 피드백은 한 수업이 진행되는 동안 학생들을 독려하고 노력하도록 이끌어 나가는 역할을 하며, 피드백의 적절한 시기는 관찰을 할 필요가 있다 (Gibb and Simpson, 2004, p 29). 학생들의 어학 능력, 태도, 동기, 그리고 성격을 고려할 필요가 있다. 학생들은 문자교정지도에 가치를 두고 선호를 한다.

4) 영작 자동 평가기 및 작문 평가 전반

Dikli and Bleyle (2014)는 영작 자동 평가기를 영작 보조도구로 활용하여 학생들의 실력을 증대하려고 할 때, 교사는 이러한 시스템의 한계를 인식해야 한다고 제안하는데, 특히 이차 언어 작문을 하는 사람은 학생들에게 자동 평가기가 가지는 한계에 대해서 주지를 시켜야 한다고 말한다. 또한 ESL/EFL (English as a Second/Foreign Language)환경에서 영작 자동 평가기 개발자는 2차 언어 학습자가 범하는 오류 유형을 놓치는 경향이 있는데, 영작 자동 평가기의 기능을 개선할 수 있는 전문가 팀을 포함시킬 것을 권유한다. Dikli and Bleyle (2014)는 자신들의 연구가 이차 언어 작문 사용자의 요구를 충분히 반영할 수 있는 방향에 있어 자신들의 연구가 일조하기를 희망한다고 말한다.

Li, Link, 그리고 Hegelheimer (2015)는 ESL 작문 수업에서 교사와 학생이 문자교정을 시행하면서 Criterion1이라고 불리 우는 영작 자동 평가기의 역할을 탐구하고, 문자교정지도가 학생의 작문 발달에 어떤 영향을 주는지를 검토하였다. 영작 자동 평가기의 사용과 견해에 관해서 조사를 하면서는 인터뷰 자료를 분석하고 학생의 작문 실제와 초안과 개작 간의 정확도의 차이의 변화와 학생 작문 실제와 관련해서는 양적 자료를 사용하여 다섯 개의 주요 결과를 보고한다: (1) 영작 자동 평가기에 대한 접근법은 다르다고 하나, 연구에 참여한 모든 교사가 Criterion1 문자교정지도의 잠재적 사용에 주로 초점을 두고 있다; (2) 영작 자동 평가기는 문법이나 기계적 오류를 잡아 주는 데는 효과적이나, 전반적인 피드백의 질에 대해 연구에 참여한 교사들은 의구심을 제기하였다; (3) 영작 자동 평가기의 작문 내용에 대한 교사의 견해와 비교해 볼 때, 영작 자동 평가기 문자교정지도에 대한 학생의 견해는 교사보다는 긍정적이긴 하나, 이것은 어느 정도는 교사의 견해와 연결이 되어 있는 것으로 보인다; (4) 영작 자동 평가기를 사용한 문자교정지도는 학생들의 작문 실제에 도움은 되나, 다른 교수법, 예를 들면, 작문을 제출하는 데 있어, 최소한의 점수를 정하는 것이 과정상의 문제로 중요하다; (5) 영작 자동 평가기를 활용한 문자교정지도는 ESL 작문 수업을 듣는 학생들의 언어의 정확도를 향상 시키는 데는 도움이 되며, 이러한 영향은 오류 유형이나 교수법에서 영향을 받았을 수도 있다. 이러한 결과는 학생들이 영작 자동 평가기를 어떻게 사용하여 장점을 활용하고 있으며, 교사의 교육학적 관점에 어느 정도는 의존을 하면서 작문 과정 동안 가능한 문제를 풀어 나가는지를 보여준다. 이러한 연구 결과가 문자교정지도에 있어 자동 평가기의 역할에 대해 통찰력을 제시해 주고 있긴 하나, ESL 학급에서 영작 자동 평가기의 잠재력은 아직은 명확하게 밝혀지고 있지는 않다. 본 연구에서, 영작 자동 평가기를 활용한 문자교정지도는 각각의 작문 별로 복수 초안을 제출하는 데 있어 촉매제 역할을 했으나 (예를 들면, 38%의 학생들이 하나나 두 개의 작문을 제출), 이와 대조적으로 Attali (2004)의 연구에서는 상대적으로 적은 수의 학생이 한 번 이상 작문을 제출하였다. 두 연구 간의 결과의 차이는 성인 비원어민 화자는 영작 자동 평가기가 비 원어민 화자의 요구와 곧바로 연결되는 도구라는 개념을 강조하면서, 향후 영작 자동 평가기가 더욱더 개선될 것이라는 점을 강조하면서 영작 자동 평가기의 사용이 더 유익하다는 점을 시사한다. 더욱이, 교실에서 영작 자동 평가기 시행에 대한 교사 전략은 작문 실제에서 학생들을 영작 자동 평가기를 사용해 참여시키는 방법에도 큰 영향을 줄 것이며, 따라서 가설 검증이 아닌 서술연구에서 작문 수업에서 영작 자동 평가기의 통합의 영향을 강조하는 연구가 향후 많이 발간될 것으로 예측된다. 영작 자동 평가기를 교사가 시행하는 것은 학생들의 작문 정확도와 시간의 경과에 따라 자신들의 오류를 식별하고 교정하는 능력에 영향을 줄 것이다. 이러한 연구자의 주장이 작문 견본과 학생 인터뷰에서 잘 나타나고 있다. 학생은 언어 발달을 보여주는 범위 내에서 영작 자동 평가기를 처리할 능력이 있다. 문자교정지도의 효율성은 피드백을 관리할 수 있는 학생의 능력에 의존하기 때문에 (Hartshorn et al., 2010), 학생들이 영작 자동 평가 문자교정지도를 처리해 나가는 데 있어 전폭적인 지원을 받아야 할 것이다. 이러한 지원은 심층 있는 영작 자동 평가기 훈련과 교실 활동의 형태로 가능할 것이다. 전체적으로 정리하면, 영작 자동 평가기는 ESL 교수에 있어 역할을 한다. 정확한 역할은 교사 개인의 교육학적 철학과 교실 내 작문 실제에서 정해진다고 하겠으나, 그럼에도 불구하고, 이차 언어에서 영작 자동 평가기의 잠재력을 거부할 수가 없다. 작문 교정의 질 문제가 표면화되긴 하나, 영작 자동 평가기가 제공하는 시기적절하고 지속적인 피드백은 간과할 성질의 문제가 아니다. 영작 자동 평가기의 한계인 내용이나 구조상의 피드백 제공이 불가능하다는 점은 향후 영작 자동 평가기 관련 연구에서 추가 연구가 되어야 한다; 이것은 이차 언어 작문 수업에서 교사의 문자교정지도가 필요한 자리가 있다는 것을 보여준다. 그럼에도 불구하고, 영작 자동 평가기는 계속 진화해 오고 있고, 시기적절하고, 지속적이며, 관리 범위 내에 있는 피드백뿐만 아니라, 학생들의 작문의 질을 향상시키는 기회를 극대화시켜줄 것이다.

Moon 과 Pai (2011)는 준거 기준을 준 평가에서 학생들의 오류 중에 56%가 변화가 있었다고 보고한다. 나머지는 준거 기준 없이 오류가 수정이 된 학생들도 있고, 전혀 변화가 없는 학생들도 있었는데, 그 이유가 다양하다. 추가로, 18%의 준거 기준 평가는 잘못된 것으로 나왔다. 학생들이 틀린 피드백을 받으면, 38 %까지는 전혀 변화를 보이지 않았다. 따라서 학생들은 본인이 받은 피드백을 비평적으로 검토 및 해석을 하여야 한다. 마지막으로, 구조/발달 특성 영역에서 준거 기준 제시 피드백이 세부적인 평가 지침을 주지 못한다는 점은 학생들이 이 영역에서 전혀 발달하는 모습을 보여주지 못하는 결과를 가져 왔다. 영작 자동 평가기는 담화 차원에서 개별적 피드백을 제공하지 못하기 때문에, 내용과 구조 영역에서 교사 피드백과 컨퍼런스를 추가해 줄 것을 설문지 응답을 통해 요청을 하였다.

Glover 와 Brown (2015)는 자신들의 FAST 연구를 통해서 네 가지 피드백 방식(형식적 기능)이 효과적이라는 점이 반드시 그렇지는 않다고 주장한다. 이러한 주장을 뒷받침하는 연구가 많이 있긴 하나, 연구가 진행된 당시를 기준으로 보았을 때, 학생들에게 실제로 도움이 되었다는 결과를 보고하는 연구는 없었고, 이것은 아마도 학생들이 평가 준거 기준을 잘 이해하지 못한 것에 기인한 것으로 해석해 볼 수도 있다. SHU 와 OU 두 학교에서는 학생들의 언어 발달을 표시하는 방법으로 마크나 성적을 주요 도구로 활용하고 있다. 피드백을 주었을 때, 가장 주요한 기능은 향후 발달을 기대하는 것이 아니고 과거의 성취도에 관해 학생들에게 알려 주는 것이다. 대부분의 피드백은 초점 없음, 학습이 이루어지지 않음, 초점이 있음의 세 가지 중 하나에 체크 마크를 하는 방식으로 일반적인 성적 산출 방식을 대체하였다. 이러한 방식은 학생의 작문에 무엇이 문제인지를 알 수 가 없다. OU 에서 기준은 단순하게 단점을 파악하거나 오류의 토대가 무엇인지를 설명해 주기보다는 문자교정지도를 제공하는 것이다. SHU에서는 철자나 문법에 높은 비중을 두고 수정하는 것이긴 하지만, 단순하게 약점을 인식한다기보다는 여백에 수정을 제시하는 방식으로 진행이 되었다. 모든 과제에 설명하는 논평은 제공되지 않았다. 대부분의 피드백은 기대되는 답을 보여주긴 하나 그 이유를 설명하지는 않았다. 피드백이 형성적이려면, 학습자의 바람직한 목표와 현재 상태의 학습자 괴리뿐만 아니라, 학생이 정보를 사용할 수 있도록 충분한 해명을 통해 괴리감을 없애야 한다. 충분하게 설명하지 않으면, 두 학교에서 제공하는 대부분의 피드백은 내용상의 중복밖에 되지 않고 학습자가 이와 같은 괴리감을 해소할 조치를 취하는데 도움이 되지 않는다.

FAST 연구에서 제안 점은 다음과 같다: ● 마크 표시는 적게 하고 성취도에 비중을 두어라; ● 교수, 학습 결과와 평가는 학습 결과와 관련해 기준 지향에 강조를 하고 점수에 비중을 덜 두는 쪽으로 건설적으로 정렬을 시킨다; ● 주요 약점에 초점을 두고 여기에 대해 상세하게 설명하라; 그리고 ● 사소한 것에 대해 걱정을 하지 마라. 피드백 문화에서 변화를 권장하기 위하여 스텝을 위한 함의는, 연구를 통해서 공동 연구자들이 강하게 느낀 것은 평가의 전체 본질은 진정한 변화와 개선을 달성하기 위해 구조 조정을 할 필요가 있다는 것이다. 임시 변통과 단편적인 주도권은 학생들에게 충분하지가 않을 것이다. 단순히 부가적인 피드백과 반대로, 교사가 형성피드백을 제공하는 문제를 학생들에게 말하지 않으면, 학생들이 피드백을 이해하고 사용이나 방법과 평가와 학습 맥락 전체에 대해 어떤 의미를 부여하는지에 있어 변화란 없을 것이다. 사소한 일에 구애를 받지만 않는다면, 나는 피드백을 선호한다. 피드백은 좋으나, 문제는 바꿀 기회가 없다는 것이고, 그런 식으로 한 가지밖에 할 수가 없다는 점이다. 마크 작업을 끝마쳤기 때문에, 실용적인 목적을 달성하지 못한다 (6번 학생). 피드백이 이해력에 도움을 주지 못하면, 다시 말해서, 수행 괴리감을 채우지 못하게 되고 유연한 방책을 세우지 못한다면, 어떤 내용의 수정 본을 제출한다고 해서 그리 중요한 문제는 아닐 것이다. 이와 같은 피드백은 성적을 정당화하기만 하지 학생 작문 발달 전체를 보여주지는 못한다.

5) 교사가 제공하는 텍스트

Hyland (2013a)는 EAP 교사가 학생들에게 피드백을 주었을 때, 학생들이 피드백을 받아들이지 못하면, 피드백이 너무 규범에 지우치고, 피상적이며, 내용에 너무 치중하여 그렇고, 작문 협약은 절대적이고, 일반적이며, 명확하다고 하는 막연한 느낌을 가지고 있다. 그러나 연구에 참여한 많은 수의 교사들은 피드백은 개작을 권장하고 주제와 작문 발달에 동시에 도움이 된다고 말한다. 작문 일반의 중요성을 인식하는 교사로부터 작문 피드백을 받고, 이러한 내용을 학문 서적을 통해 접하기도 하나, 본 연구의 참여자들은 학생들이 항상 교사 피드백에 의존하는 것은 아니라는 것을 말한다. 작문 피드백이 주어지지 않는 상황에서, EAP 교사는 학생들이 작문과 전공 실제를 잘 이해하는 데 있어 유일한 자원이다. 많은 경우에, 작문 교사는 학생들이 작문을 다른 방식으로 보고, 언어 형식을 자의적, 도구적, 자동적으로만 보고 '항상 옳은 무엇'으로만 보는 것이 아니라, 작문과 사고 과정의 기본으로 볼 수 있도록 도와준다. 이 과정에서 중요한 부분은 교사 피드백 연구를 통하여 영어 수업 외의 학생들의 작문 경험에서 교사가 자각하는 것을 포함한다. 강좌 디자인에 적절한 정보를 평가하고 자료를 수집하는 일련의 테크닉으로 사용된 요구 분석은 수년간 작문의 중심 구성 요소가 되었지만, 교과목 교사가 피드백을 주는 것으로 확장이 되지는 못했다. 이러한 피드백은 단순히 교사가 학생들 작문에서 기대하는 점뿐만 아니라, 여러 가지 이유로 유용하다. 이러한 응답은 교수의 작문 실제, 교과목 교사의 신념, 그리고 학습자 수행에 관한 정보를 제공한다. 요약하면, 대학에서 작문 맥락의 핵심 부분을 형성한다. 이러한 피드백을 작문 교사와 학생간의 즉각적인 상호작용과 광범위한 학제간 세력의 관여로 생각한다면, 우리는 학생 작문에 대한 폭 넓은 이해와 작문을 가장 잘 지도할 수 있는 통찰력을 얻을 수가 있다.

6) 이상적인 문자교정지도 방안

Long (2014)은 자신의 연구에서 도출된 것은 교사와 학생 간 피드백의 역할과 인식에 영향을 주는 요소는 매우 많으며, 따라서 각자가 다른 방식으로 구성 되어져야 한다는 것이다. 학생들의 입장에서 보면, 피드백의 주된 목적은 Sadler (1989)의 말을 빌리자면, 괴리감을 효율적으로 줄여주어서 효과적으로 작문 실력을 향상시키는 것에 있다. 연구에 참여한 상당수의 교수자들이 피드백에 초점을 두는 것은 오류를 수정하고 성적 부여를 정당화하는 것이었다. 학생들이 바라보는 가치 있는 피드백은 작문 능력이 어느 정도 향상이 되었는가와 피드백 제공자에 대한 상대적인 신용도나 능력에 주안점을 두고 있다. 교수자가 확신하고 있는 점은 일부의 학생들만이 피드백을 통해 배우려고는 하나, 다수의 학생들은 교사 피드백을 무시하고 외면하나 학생들의 이와 같은 태도가 설문지나 인터뷰를 통한 학생 응답에서는 나타나지는 않는 다는 것이다.

교수자와 학생 모두가 동일하게 문자교정지도의 필요성에 대해 공감대를 형성하고 있긴 하지만, 연구자의 연구에 참여하는 교수자나 학생은 피드백에 대해 그들만의 견해를 고집하였고, 이것이 오해를 증폭시킬 수가 있다. 연구에서 강조해야 할 점은 교수자나 학생이 과거 그들의 다양한 경험으로 피드백을 대하며, 이것이 피드백에 대한 그들의 태도나 반응을 형성하고 그들에게 정보를 제공해 주고 있다는 점이다. 학생들은 대학이 단지 이전 교육 기관의 연장선상에 있는 것이 아니며, 반복적인 형태의 피드백을 통해 참여할 기회가 비록 적을 수는 있다는 것을 받아들여야 하는 점 이외에도, 교수자가 학습자를 모자라는 사람들로 정의내리고, 학생들이 피드백을 통해 무엇을 원하는지에 대해 신경을 쓰지 않으면, 교사의 문자교정 피드백에 대한 노력과는 달리 교사가 바라는 긍정적인 결과를 만들기가 어려울 수 있다. 선행연구를 살펴보면 대화식 피드백 제공이 본 연구에서 강조된 장애나 오해를 극복할 수 있는 대안이라는 것은 자명한 이치일 것이다. Nicole은 말하길, '...피드백은 대화식 과정으로 프레임을 짜야 한다.' (Nicol, 2010:513) 그에 따르면, 피드백은 교사의 목소리만 일방적으로 들리는 교사의 독백이 아니라는 것이다. 대화식 피드백 방식으로 전환했을 때 교사와 학생이 직면하는 시련은 과소평가할 수는 없지만, 피드백이 일 방향, 전달식 과정인 현재의 지속적인 작문 실제의 결과라고만 볼 수도 없는 일이다.

Mahmud (2016)는 영어 교사가 사용하는 문자교정지도 방식을 결정하는 것이 무엇인지를 알아보고, 교사가 시행하는 문자교정지도 유형의 선택을 배경으로 하는 이론적 근거를 검토하였다. 세팅은 말레이시아 서부의 영어 능력이 상급자인 학생들을 대상으로 하긴 하였으나, 영어가 입학시험에서 의무 과목이 아니기 때문에 본 연구 결과가 다른 학교에도 일반화 될 수 있다고 생각한다.

자료는 설문지, 인터뷰, 그리고 에세이 원고를 근거로 하고 있으며, 교사는 지침으로 사용할 수 있는 문자교정지도 유형을 제공하는데 있어 특별한 마킹 기술이 없다고 보고한다. 이것은 문자교정지도를 하는 데 있어 불충분하고 비체계적인 실제를 초래하게 되었고, Ferris (1999)가 지적하듯이 교정이 명확하고 일관성이 있어야 습득이 발생한다고 한 것처럼, 체계적인 접근 방법을 확보하고 따르는 것이 중요하다. 본 연구에서 분류한 피드백 유형은 직접, 상위 언어 논평, 간접, 전자 피드백, 재명확화, 초점으로 교사들은 이러한 피드백 유형에 대해 높은 점수의 일치 점수를 주었다. 이러한 연구 결과는 학생의 오류를 수정해 주면 다음 초안에서는 오류가 사라지나, 새로운 주제로 작문을 하면 여전히 같은 오류가 살아남을 것이라는 Truscott (1996; 1999)의 진술을 반박한다 (즉, 습득이 발생하지 않는다). 한편으로는, 세 개의 자료 소스의 결과는 문자교정지도 유형에 대해 교사가 서로 다르고 일관성이 없는 선호도를 표시했다고 보고한다. 설문지 자료 결과를 보면, 교사가 유용하다고 판단한 문자교정지도 유형은 직접 〉 상위 언어적 논평 〉 간접 〉 전자 피드백 〉 재명확화 〉 초점 〉 비 초점 순이었다. 내용에 대한 개인 논평이나 피드백을 주지 않는 것이 교사가 가장 덜 선호하는 방식으로 나타났다. 그사이에 인터뷰 분석 결과를 보면, 교사는 간접 〉 비 초점 〉 직접 〉 LPM 코드 〉 초점 〉 상위 언어적 그리고 개인 논평이 매우 유용하다고 말한다.

교사 응답자는 전자 피드백이나 재명확화 유형은 전혀 도움이 되지 않으며, 실제 현장에서 전혀 적용하지 않는 교정 방식이라는 것에 동의를 했다. 마지막으로, 에세이 분석을 통하여 문자교정지도 실제가 분명하게 되었다. 비 초점에서 100%의 스크립트, 비 초점은 39개의 스크립트 (81%), 간접 문자교정지도, LPM 코드 〉 개인적 논평 〉 그리고 상위 언어 문자교정 순으로 자료가 모였다. 학생들에게 피드백을 전혀 주지 않은 교사는 1명밖에 없었다 (1%). 놀라운 것은, 연구에 참여한 교사 중 그 누구도 초점이나 재명확화 유형 방식은 채택하지 않고 있다는 점이다. 요약하면, 교사들이 문자교정지도에 대하여 가능한 접근법에 대해 잘 모르고 있기 때문에 교사가 자신들의 교수를 통합하기 위한 가능한 문자교정지도 유형을 아는 것은 매우 중요하다. 향후 교사를 위한 수업계획에서도 문자교정지도 방법을 포함시켜서 가능한 문자교정지도 방법과 유형을 소개하고, 문자교정지도와 관련된 이슈를 상세하게 설명해 주어야 할 것이다. 교사가 문자교정지도 방법을 모르면, 문자교정을 체계가 없고 비효율적이며 시간을 많이 소비하는 과정으로 만들어 버릴 수가 있다. 문자교정지도를 통해 습득을 확실하게 하려면, 이와 같은 내용이 절대적으로 언급이 되어야 한다 (Ferris, 1999). 그럼에도 불구하고 Soori (2012)는 교사의 마음을 사로잡는 한 가지 주요한 이슈는 학생들에게 생산적인 피드백을 주는 것이 무엇이며 학생 작문 과정에 긍정적인 영향을 주고 작문의 전체적인 장기간의 질을 개선하는 데 있어 가장 큰 기여를 하는 것은 무엇인가이다.

7) 침묵

Mirzaee와 Yaqubi (2016)는 작문 초안에 대해 학습자 피드백을 제공하는 데 있어 한 가지 중요한 방법으로 작문 컨퍼런스에 다양한 실제가 있다고 말한다. 사회문화적 관점에서의 참여와 대화 분석 관점을 주로 사용하여, Mirzaee와 Yaqubi (2016)는 참여를 권장 또는 방해하는 말의 자질을 설명하기위해 작문 컨퍼런스에서 사용하는 교사가 사용하는 침묵을 조사하였다. 연구 자료에 따르면, 교사 침묵은 작문 컨퍼런스 맥락 안에서 학습자가 참여할 여지를 더 주는 중요한 비계의 기능을 할 수 있다는 점을 보여준다 (발췌 2, 3, 4와 5). 어떤 면에서는, 침묵은 Vygotsky (1978)이 주장하는 것과 일치를 한다: "아동의 문화 발달에서 모든 기능은 두 번 나타난다: 첫째, 사회적 차원에서, 그리고 개인적 차원이다; 첫째, 사람들 사이 (문화 간) 그리고 아동의 내부 (문화 내부)." (p57). 다시 말해서, 상호작용에서 침묵은 언어적 그리고 비언어적 지식, 다시 말하면, 좀 더 정확하게 개념을 잡기 위해 학습자는 자원을 이동시켜서 확장시키는 능력을 지니고 있다.

먼저 이야기한 결과와 논의는 EFL 맥락에서 피드백 준비와 학급 중심의 연구를 위한 전략으로서의 작문 컨퍼런스에 익숙해지는 것에 기여할 것이다. 추가로, 연구자들은 독자나 교사가 자신의 교육을 탐구하는데 있어 통찰력을 제공하기를 바란다고 말한다.

마지막 제언으로, 학습자에게 피드백을 주어야 하고 사용하는 전략에서 최대한의 효율을 도출해야 하는 언어 교사 또는 작문 교사는 작문 실제에서는 어떤 일들이 있는지에 대해 철저하게 이해를 할 필요가 있다는 점을 강조한다.

8) 피드백 상호 작용

Unlu와 Wharton (2015)는 그들이 관찰한 바에 따르면 본질적인 측면에서 그리고 학생이나 교사가 보고한 것처럼 영향을 주는 요소의 측면에서 학급 피드백 상호 작용은 매우 복잡하다는 점을 지적한다. 협동 관계 유형을 가장 많이 볼 수 있었는데, 이러한 결과는 애초에 그들이 했던 기대와는 달랐다; 피드백과 관련된 문헌 강독과 선행연구에 대한 그들의 전반적인 인상을 토대로, 교사가 가장 높은 권위로 기준을 따르는 상호작용을 기대할 수도 있다. 같은 맥락에서, 종속 관계 유형은 비교적 기대 밖의 대상이었다. 분명한 점은, 학생들은 교과 지식을 많이 알고 있는 특수 목적 영어 세팅에서는 특히 언어의 적절성에 대하여 교사와 논쟁을 하기도 한다. 그러나 연구자들은 이와 같은 도전이 자료에서 뚜렷하게 나타나는 특정한 관계 유형의 지표가 되리라고는 예상하지 못했다. 연구 세팅에서, 교사와 학생 모두가 학술적 글쓰기에서 적절성의 우발적인 본질을 보여주고 있고, 언어 적절성에 대한 지식은 사회적이고, 구성되며, 도전을 받는다는 사실을 인정한다 (Lillis, 2003). 피드백 상호작용은 어떤 의미에서는 Higgins, Hartley, 그리고 Skelton (2001) 또는 Lillis (2003)가 주창한 바와 같이 문답의 형식을 띄우고 있다. 협력 교환이 우월하지만 한쪽이 일방적으로 밀어붙이면 기준을 따르거나 종속된 교환의 가능성을 가지고 있고 지식이란 작문과 강독을 통하여 서로 다른 그룹의 사람들에 의해 나타나는 것을 인식하는 것처럼 보인다 (Farr, 2003; Lea & Street, 1998; Lea, 2004). 피드백은 학생들의 작문을 통제하고, 그들에게 작문 방식을 강요하는 단순하고 일방향의 행위로 인식되거나 작문 과정에 교사나 학생 사이의 양방향의 과정도 아니라고 하는 선행연구의 주장을 그대로 뒷받침한다 (Tardy, 2006). 오히려 작문은 학생이나 교사가 다른 제약이나 기준, 그리고 그밖에 인식되는 권위의 소스에 방향을 둔 다각적인 활동이다. 본 연구의 결과에 따르면, 교사나 학생은 그들의 행위를 통하여 관찰된 관계 유형을 상호간에 구성을 하지만, 그렇다고 해서 이것이 모든 참여자가 동일하게 바라고 있다는 것을 의미하지는 않는다. 인터뷰 자료에서도 나타나듯이 학생들 중 일부는 지금의 피드백 방식보다는 규범에 다가가는 피드백을 받고 싶다고 말한다. 세팅에서 더 안정된 행위자 (수년을 같은 세팅에 있고), 작문 교육 실제에 대하여 동료나 매니저와 토의를 통한 실제에 대해 묵

상할 기회를 가질 수 있는 교사가 압도적으로 협동 유형을 정하였다. 책임을 나누는 협동 스타일이 학습자에게는 좋을 수 있으나, 학습자가 이것을 자각하는 데 있어 도움을 받아야 한다는 상식적인 견해가 교사들 사이에는 있다. 본 연구가 협동 피드백 상호작용에서 상당한 교사 참여를 보여주고 있다는 점에서 이러한 견해를 뒷받침해주는 것으로 보인다. 학습자가 초기에는 이러한 스타일을 기대하지 않았다고 하더라도, 본 연구의 결과에 따르면, 학생들은 이것을 매우 잘하고 있으며, 학술적 글쓰기에 대한 비평적 자각이 분명 발달하고 있다는 점이다. 본 연구의 세팅에서 관찰된 행위나 관계 유형이 다른 곳에서도 분명하게 있을지와 만약 그렇다면, 관찰된 상호작용의 스타일에 영향을 주는 요소는 무엇인지에 대해 후행 연구를 할 필요가 있음을 역설한다.

9) 작문 성취도 방안

Xianwei et al. (2016)은 동료 피드백의 질이 동료 비평 피드백을 통해서 향상이 되었다는 연구 결과를 보고한다; 동료 피드백의 내용은 상세하고 다양해졌는데, 오류, 담화 분석, 화용론적 기능, 수사학적 자질, 애정, 스타일, 그리고 구문의 7가지 양상에 초점을 두고 있다고 보고한다. 자료 수집과 분석은 2단계에 걸쳐서 진행이 되었는데, 6명의 연구 참여자를 대상으로 반 구조화된 인터뷰를 실시하였다. 각각의 인터뷰는 30에서 45분 소요가 되었다. 사례 연구 참여자는 강의 계획서에 나온 6개의 비즈니스 영작문을 작성하고, 동료 비평 피드백을 받기 위하여 Qzone에 업로드를 하였다. 참여자를 대상으로 한 3회의 인터뷰는 녹음을 하고 전사를 하였다. 세 가지 종류의 자료는 반 구조화 인터뷰, 비즈니스 영어 작문, 비평 동료 피드백이다.

Amara (2015)는 ESL 학생들의 교사 피드백에 관한 인식을 설명하는 서술 연구를 진행하였다. 분석에서 우세하게 나타난 점은 연구에 참여한 15명의 참여자 대부분이 교사 논평에 대하여 많은 흥미를 보였다. 그러나 연구 참여자들은 일부 교사들의 논평에 대해 자주 혼동을 하고 좌절감을 느끼기까지 하였다. 이러한 혼동은 명확하지 못한 논평, 논평에서 언급하는 오류의 불확실성, 그리고 논평을 오해하는 것에 기인하고 있다. 교사 논평을 이해를 하지 못하거나, 잘못 해석하는 학생들도 있었다.

교사가 어떤 문장이 논평과 연결되는지 표시를 해주는 선이나 화살표를 교사가 논평에서 사용하지 않았기 때문에, 목표 오류에 대한 논평을 연관시키는 데 있어 학생들은 어려움을 토로한다. 더욱이, 의미가 애매모호하거나 복수 메시지를 전달하는 논평을 연구 참여자들은 잘못 해석하였다. 연구 결과는 교사가 자신들의 논평에 대해 비판적으로 생각해야 하며, 학생들이 명확하고 쉽게 이해할 수 있는 방안을 고려할 것을 제언한다. 본 연구에서 녹음을 한 자료는 다른 사람의 감정을 해칠 수 있는 오해에 관한 폭로를 하고 있다. 본 연구의 참여자는 일부 논평에 대하여 표절에 대해 비난하는 것으로 해석했다. 이와 같은 오해는 연구 참여자의 모국어와 문화로부터 간접적으로 기인한 것일 수도 있다. 교사가 학생의 글을 수정할 때, 가능하다면, 수업의 맥락과 목표에 적절한, 수업 시간에 다루고 시험을 본 단어, 구, 그리고 진술에 중점을 두고 교정지도를 하여야 할 것이다.

일반적으로 학생들이 교사 피드백, 특히 피드백 논평을 집중하려면, 논평에서 칭찬을 반드시 해주어야 한다. 연구 참여자들은 전체적으로 볼 때, 칭찬을 좋아했다. 보다 더 건설적인 문자교정지도를 제공하려는 교사의 노력을 도와주는 데 있어 이러한 논평이 줄 수 있는 긍정적인 영향이 잠재적으로 있다는 것을 시사한다. 연구 참여자들은 자신들이 작문 수행 시 잘한 부분에 대해서는 칭찬을 받기를 원하고 심지어는 요구를 하였다. 연구 참여자들은 오류를 지적하는 것뿐만 아니라 자신들이 무엇을 잘했는지를 알고 싶어 하였다. 작문 교사는 ESL 학습자가 작문 기술을 익히기 시작할 때, 이점을 알려 주어야 하며, 개선된 부분에 대해 노트를 해주어야 한다. 피드백 논평에 대한 본 연구의 결과는 교사는 자신의 논평이 어떻게 인식되고 있는지를 알 필요가 있다는 것이다. 작문 교사의 논평 제공 방식이 교사와 학생간의 관계에서 이차 언어 학습자의 정체성, 교사와 학생 간 관계에 있어 힘의 역동성, 그리고 궁극적으로는 이차 언어 학습과 작문을 이차 언어 학습자가 지속할 것인지에 대한 동기 부여 등에 중요한 영향을 준다. 본 연구가 시사하는 또 다른 바는 교사는 학생이 학습의 상호작용을 통해 자신을 어떻게 인식하는지를 알아야 한다는 것이다. ESL 학습자는 교사가 학생을 지지할 때 그리고 학습자가 이차 언어 사용자로서의 정체성을 받아들일 때 더 많은 상호작용을 한다. 학습 상호작용 동안에 학습자들이 자신을 작문을 못하는 사람으로 몰리고 또 그렇게 인식하기를 강요를 받으면, 작문 과업, 특히나 ESL 학습 과정 전반에 대해 부정적인 인식을 하게 된다. 교사는 작문 과업 수행 시에 학습자들에게 긍정적 권면을 적극적으로 제공하고, 이차 언어라고 하더라도 학습자들은 교사의 태도나 인식에 민감하다는 점을 명심하고 이차 언어 학습자를 훌륭한 작가로 보아야 할 것이다.

참고 문헌

Akiyama, Y. (2016). Learner beliefs and corrective feedback in telecollaboration: A longitudinal investigation. *System*, 1-16.

Alkhatib, N. I. M. (2015). *Written corrective feedback at a Saudi university: English language teachers' beliefs, students' preferences, and teachers' practices.* (Doctor of Philosophy), University of Essex.

Amara, T. M. (2015). Learners' perceptions of teacher written feedback commentary in an ESL writing classroom. *International Journal of English Language Teaching, 3(2)*, 38-53.

Dikli, S., & Bleyle, S. (2014). Automated Essay Scoring feedback for second language writers: How does it compare to instructor feedback? *Assessing Writing*, 22, 1-17.

Glover, C., & Brown, E. (2006). Written Feedback for Students: too much, too detailed or too incomprehensible to be effective?

Handley, K., Szwelnik, A., Ujma, D., Lesley Lawrence, J. M., & Pricee, M. (2007). *When less is more: Students' experiences of assessment feedback.* Paper presented at the Higher Education Academy.

Hyland, K. (2013). Faculty feedback: Perceptions and practices in L2 disciplinary writing. *Journal of Second Language Writing, 22* 240-253.

Hyland, K. (2013). Student perceptions of hidden messages in teacher written feedback. *Studies in Educational Evaluation, 39*, 180-187.

Li, J., & Barnard, R. (2011). Academic tutors' beliefs about and practices of giving feedback on students' written assignments: A New Zealand case study. *Assessing Writing, 16*, 137-148.

Li, J., Link, S., & Hegelheimer, V. (2015). Rethinking the role of automated writing evaluation (AWE) feedback in ESL writing instruction. *Journal of Second Language Writing, 27*, 1-18.

Long, P. (2014). Staff and students' conceptions of good written feedback: Implications for Practice. *Practitioner Research In Higher Education, 8(1)*, 54-63.

Mahmud, N. (2016). Investigating the Practice of Providing Written Corrective Feedback Types by ESL Teachers at the Upper Secondary Level in High Performance Schools. *Malaysian Online Journal of Educational Sciences, 4(4)*, 48-60.

Mirzaee, M., & Yaqubi, B. (2016). A conversation analysis of the function of silence in writing conferences. *Iranian Journal of Language Teaching Research, 4(2)*, 69-86.

Moon, Y.-i., & Pae, J.-K. (2011). Short term Effects of Automated Writing Feedback and Users' Evaluation of Criterion. *Korean Journal of Applied Linguistics, 27(4)*, 125-150.

Sharif, A. M., & Zainuddin, S. Z. (2016). Students' perceptions of their reflective essay writing experience and teacher feedback comments. *Indonesian Journal of Applied Linguistics, 6(2)*, 204-212.

Unlu, Z., & Wharton, S. M. (2015). Exploring classroom feedback interactions around EAP writing: A data based model. *Journal of English for Academic Purposes, 17* 24-36.

Xianwei, G., Samuel, M., & Asmawi, A. (2016). Content of critical peer feedback in Business English writing using Qzone weblogs among Chinese undergraduates. *International Journal of Instructional Technology and Distance Learning, 13(8)*, 3-12.

제 5 장

NVivo를 활용한
현행 문자교정지도 연구

1. 들어가기

지금부터는 박종원 2018년 문자교정지도 논문과 관련하여 NVivo를 주요 도구로 사용한 네 편의 논문에 대한 연구 배경을 살펴보고 NVivo의 어떤 기능을 활용하여 연구 결과를 도출하였는지에 대해 단계별로 시연을 하도록 하겠다.

2. 연구 배경

2.1.1. 논문 제목

Hur, Suwon & Park, Chongwon. (2019 in press). The effect of proficiency and task time on the students' writing development. The Journal of Humanities and Social Sciences.

2.1.2. 연구 질문

1) Is dynamic written corrective feedback effective for a different level of learners in terms of short and long-term period?

2) Is there an interaction effect between proficiency and time?

3) Does the learner proficiency affect all error types (global, local, and mechanical), or are there varying effects?

4) Are there relationships between individual differences and major error categories?

2.1.3. 주로 사용한 NVivo 기법

Corder reliability (Coding comparison), Attribute (level, types of written errors), Coding Matrix Search (Research questions)

2.1.4. 연구 결과

This study was conducted to identify the role of proficiency on the writers' short and long-term development and explore acquisition pattern and possible other extraneous variables affecting the ultimate success or failure in WCF. These findings will be discussed in turn. In addressing the issue of the role of learner proficiency, the results of this study support its positive role in both short and long-term period except for the beginning level students' long-term period of acquisition. This finding is well supported from the previous studies only excluding for the beginning level students' long-term period of the exposure to writing instruction (Bitchener, 2008; Bitchener & Knoch, 2008; Bitchener & Knoch, 2010a; Bitchener & Knoch, 2010b: Ellis 2008; Guo, 2015; Frear, 2012; Sheen, 2007; Sheen & Moldawa, 2009; Shintani & Ellis, 2013; Shintani et al., 2014; Stefanou, 2014). However, most of the results are from advanced, intermediate, or unknown, and the focus of the study participants is a single, separate proficiency group, and the researchers did not take into account of variability in terms of learner proficiency in a single study. Few studies looked at learners' writing development with multiple proficiency in a single study, and this current state calls for further investigation to validate the finding of this study. Also needed is an detailed explanation of the failure of beginning level students' writing development in the long term period because it is too early to draw a conclusion from the result of a single study like current one.

To account for factors contributing to the writing development where accuracy and fluency scores are combined with a holistic manner, Park and Park (2018a) investigated the effect of medium of instruction as one the mediating variables. The results of their study indicate that the medium of instruction does play a key role in enhancing learners' writing development favoring for English medium instruction both in short and long term period of time. However, they only looked at intermediate level students, and did not answer for the effects of multiple level writing competency on the student's writing development. It is needless to say that knowing acquisition paths which suits for a specific group of linguistic ability is crucial because that knowledge can serve as a guiding light for writing teachers on what to teach first and last in a formal writing context like semester or summer session in a university context. As a continuation of inquiry in understanding the mediating role of the effect of WCF, Hur and Park (2013) investigated the effect of gender and proficiency in the process and product of writing instruction. In the study, the researchers only looked at accuracy by extending the range of errors from linguistic to organization and grammar focusing on opinion paragraph. 226 university students participated in the study, and 1,130 writing samples were analyzed. The results of the study show lack of relationships between learner proficiency and gender. It was learned that the gender difference plays an infinitesimal role in ameliorating learners' writing development. In contrast, the role of learner proficiency shows a distinctive feature in helping beginning and intermediate level learners. However, for the case of advanced level learners, there was no difference between pretest and posttest scores.

As to the question of the effect of proficiency on learners' writing development, advanced group outperformed intermediate and beginning level students in all three domains of errors, that is, global, local, and mechanical, but the result only shows numeric differences. Thus, at this moment, it is hard to tell that the success or failure of WCF is purely decided by learner proficiency. Jarvis, S., Grant, D. L., Bikowski, D., and Ferris, D. (2003) argue that there are no linear relationships between linguistic features and writing quality, and they conducted a cluster analysis by focusing on the advanced level learners. The result indicates that in a time based writing task, not all good writings show isomorphic relationships. As far as the researcher's knowledge is concerned, relatively few studies were conducted in exploring the relationship between student proficiency and the types of learner errors.

In terms of looking at the relationship between individual differences and 12 major error categories, sentence types and meaning are decisive factors in differentiating proficiency. This result is congruent with Park and Park's study (2018b) where their participants show the equal acquisition path although they only looked at the intermediate level of learners. In spite of learners' proficiency differences between the two studies reflect on the similarities of these two errors suggesting that meaning and sentence types need to be taught simultaneously to produce the better teaching outcomes across all over the different proficiency groups.

2.2.1. 논문 제목

Park, Jiyoung & Park, Chongwon. (2018a). Effects of learning environment differences (on and offline vs. off line) on intermediate level learners' writing development. STEM Journal, 19(2), 169-193.

2.2.2. 연구 질문

1) From the two different learning environment, online vs offline, which group shows improvement in writing in short and long period of the task?

2) Is there an interaction effect between the learning environment differences and task periods?

3) Do the learning environment differences affect all error types (global, local, and mechanical), or are there varying effects?

2.2.3. 주로 사용한 NVivo 기법

Corder reliability (Coding comparison), Attribute (Learning environment (on and off line), types of written errors), Coding Matrix Search (Research questions), Cluster analysis

2.2.4. 연구 결과

This study was conducted to test the efficacy of DWCF on the two different learning environments in short and long term period of the tasks and compare and contrast the acquisition mode within the two different learning environment. In terms of two different learning environment, online group of this study outperformed in the post and delayed posttest and thus provide the evidence for the beneficial effects of DWCF. This result is in line with the previous studies exploring the positive effect of DWCF on the students' writing development (Evans et al., 2011; Hartshorn & Evans, 2015; Kurzer, 2018; Lee, 2009; Park, 2012). In addition, this result is also congruent with the studies conducted on the online learning environment (AbuSeileek & Abualsha'r, 2014; Park, 2015; Sauro, 2009; Yeh & Lo, 2009) although the feedback mode was not necessarily DWCF. However, this result has limited applicability in considering the current study's primary consideration toward DWCF which even excludes this study from that of the previous DWCF studies, that is, combining accuracy and fluency in assessing students' writings. As far as the researcher knows, few studies looked at the combined effect of accuracy and fluency on the students' writing development, and thus call for future studies to verify the finding of this study is definitely needed.

In terms of exploring different language acquisition patterns, online group outperformed off-line or control group although no statistical testing was administered, and thus the interpretation can be quite suggestive rather than declarative. In spite of its limitations, it is still quite worthwhile to look at the sharp contrast between online and off-line group in showing the numerical differences favoring for online group in all three areas of areas. Online group shows sharp contrasts comparing with the off-line, conventional ways of teaching grammar and writing feedback. This result needs to be investigated further by implementing more numerical oriented, testing preferred perspective, but at least, in this stage, it can offer educational implication for a specific group of writing learners. When one teaches the intermediate level of learners, of course, one cannot teach all of the components of writing, but special attention is needed to what to teach first and last.

According to the result of this study, if a writing teacher is quite interested in helping learners' communicative aspects of writing, the hierarchy of teaching components should be decided according to the following order.

Sentence type 〉 Main verb 〉 Usage 〉 Word choice 〉 Redundancy 〉 Word order 〉 and finally Logic.

In this study, learner produced errors from the pretest served as a trigger in enhancing learner awareness and final writing product. Appendix A and B illustrates examples of two quizzes as to sentence type and main verb. Especially, the sentence type quiz served as a strong indicator of learners' posttest writing ability as well as the beginning stage of learner ability. Other errors relevant to learners' communicative ability with having untreatable traits, word choice and usage might have some instructional choices. For the case of word choice, a writing instructor can possibly choose a book exclusively handling this issue as a part of supplementary text in a course, for example, Word for Word written by Clark and Pointon (2003). This book explicates what nuance a specific word carries with relevant reference to other synonymous words, visit, stay, call on, and drop in. Throughout the semester, the writing teacher can ask students to prepare word choice quizzes on a weekly basis. This can also applicable to the case of helping usage errors where a systematic guidance and test can possibly ameliorating students' habitual mistakes in usage. It is no wonder to say that this suggestion on these two errors do need empirical evidence to support the claim, and it also needs further scrutiny.

The result of this study may not be applicable to all levels of students because the primary focus of this study is geared toward the intermediate level of learners whose ability belongs to the mean score of 69 which was the integration of accuracy and fluency score obtained from the pretest. Therefore, the questions of whether DWCF can be an innovative instructional strategy and the description of learners' acquisition patterns are open to other levels of learners, in other words, beginning and advanced group of learners. However, one has to admit the fact that the boundaries among learner abilities are blurred for the case of DWCF, and this study may offer one alternative way of assessment if this study can be easily compared from the results of other studies on an equal basis.

2.3.1. 논문 제목

Park, Jiyoung & Park, Chongwon. (2018b). A study of the effect of a medium of instruction on the East Asian students' writing development, 56, 213-231.

2.3.2. 연구 질문

1) Is EMI effective for EFL writer's short and long term development?

2) Is there an interaction effect between the medium of the instruction and Written Corrective Feedback (WCF)?

3) Does the medium of instruction make differences in terms of the acquisition patterns(global, local, and mechanical)?

2.3.3. 주로 사용한 NVivo 기법

Corder reliability (Coding comparison), Attribute (Medium of instruction, types of written errors), Coding Matrix Search (Research questions), Cluster analysis

2.3.4. 연구 결과

This study was conducted to test the efficacy of EMI on the EFL writer's short and long term effect and confirm a positive role of written corrective feedback as a useful instructional strategy on the premise that EMI yields a positive result in writing. In this study, EMI group outperformed Korean-led or control group in the post and delayed posttest and thus provide the positive evidence for the beneficial effects of EMI. However, studies conducting the effect of EMI on the learners' performance show contradicting results, either support (Anthony Andrew, 2017: I-Chia Chou, 2018: Jinjing Hu and Xueseong(Andy) Gao, 2018: Dawn Rogier, 2012) or reject (Abdul Sattar Gopang, Saleha Parveen, and Chachar, 2017: Eun Gyong Kim and Jeong-Ro Yoon, 2018) and in between(Ernesto Macaro, Samantha Curle, Jack Pun, and Jiangshan An, 2018). For example, Dawn Rogier (2012) reported that there is a statistically significant score gain in all four of the English-language skill areas that are tested by the IELTS exam after four years of EMI for the participants. The most gain occurred in the area of speaking, followed by reading, writing and then listening. Jinjing Hu and Xueseong(Andy) Gao (2018) observed the differences between high and low achievers in the use of self-regulated strategic writing activities and reported the beneficial effects in the context of EMI. I-Chia Chou(2018) also reported the positive effect of EMI on the learners' vocabulary acquisition. On the contrary, Gapong et al. (2017) reported that students' comprehension is better when taught in their mother tongue. As a result, they concluded that this understanding enhances students' cognition level as well. Eun Gyong Kim and Jeong-Ro Yoon (2018) conducted a study comparing EMI and KMI and reported that KMI-class students demonstrated higher levels of satisfaction and better performance in their classes than the EMI-class students did. Macaro et al. (2018) claimed that there are insufficient studies demonstrating, through the classroom discourse, the kind of practice which may lead to beneficial outcomes. This insufficiency, they argue, is partly due to research methodology problems both at the micro and macro level.

The results of the current study are also in line with the previous studies' results exploring the positive effect of written corrective feedback with the similar design of this study, that is, pretest, posttest, and delayed posttest (John Bitchener, Young Stuart, and Denise Cameron, 2005: John Bitchener, 2008: John Bitchener & Ute Knoch, 2008: John Bitchener & Ute Knoch, 2009: Younghee Sheen, 2007: Rod Ellis, Younghee Sheen, Mihoko Murakami, Hide Takashima , 2008: Natsuko Shintani & Rod Ellis, 2013). However, caution is needed to apply the results of this study because they focused on a single linguistic item in spite of the stability of the research design. This study extended the scope of investigation from grammar, organization, and content where all of the learner produced errors were the primary concern.

In terms of including all of the possible learner produced errors, studies from Dynamic Written Corrective Feedback (DWCF) do strongly support the results of this study(Norman W. Evans, James Hartshorn, K., and Strong-Krause Diane, 2011; K. James Hartshorn & Norman Evans, 2015; K. Kurzer, 2018; Soon Yeon Lee, 2009;

Chongwon Park, 2012; Chongwon Park 2018). The results of these studies unanimously voiced that EFL writers developed their writing competency from the direct, comprehensive errorcorrection. What is unique about this study is that it compares the effect of medium of instruction and found that EMI group outperformed Korean-led or control group in reducing their errors in both short and long term perspective. In this study, closely looking at the changes in reducing errors, EMI shows dramatic increase from posttest to the delayed posttest (from 79 to 92) when they were compared to Korean-led class (from 72 to 77). Based upon the results, one can conclude that medium of instruction plays a key role to EFL writers' writing development.

As to exploration of different language acquisition patterns, EMI group outperformed Korean-led or control group although no statistical testing was administered, and thus the interpretation can be quite suggestive rather than declarative. In spite of its limitations, it is still quite worthwhile to look at the sharp contrast between EMI and Korean-led groups in showing the numerical differences favoring for EMI group in all three areas of writing competency. EMI group shows sharp contrasts comparing with the Korean-led class, where medium of instruction was mostly Korean. This result needs to be investigated further by implementing more numerically oriented, testing preferred perspective, but at least, in this stage, it can offer educational implication for a specific group of writing learners. When one teaches the intermediate level of learners, of course, one cannot teach all of the components of writing, but special attention is needed in what to teach first and last.

According to the result of this study, if a writing teacher is quite interested in helping learners' communicative aspects of writing, the hierarchy of teaching components should be decided according to the following order.

Meaning and Sentence Type 〉 Main Verb 〉 Usage 〉 Word Choice 〉 Agreement 〉 Redundancy 〉 and finally Word Order

This acquisition order is almost the same as that of Chongwon Park's (2018) study except Logic is the final destination, not the Word Order like the current study. What is implied here is Park's participants show stability in acquiring their writing competency, and this can serve as an indication of what to teach first and last. One thing that needs to be reminded of is the fact that Chongwon Park (2018) looked at homogeneous group limited to his own teaching context. Therefore, such kind of similar acquisition pattern can be doomed to happen Even if that is true for this study, the findings in acquisition path for certain group of learners is worthwhile to take into account because Chongwon Park (2018) specified learners' writing competency with the combination of accuracy and fluency. If one seeks for the applicability of this study to one's own teaching context, following the procedures represented in this study and cross checking one's participants'current writing competency and monitoring the whole process can be the best solution. In this study, learner produced errors from the pretest served as a trigger in enhancing learner awareness and final writing product.

The result of this study may not be applicable to all levels of students because the primary focus of this study is geared toward the intermediate level of learners whose ability belongs to the mean score of 69 which was the integration of accuracy and fluency score obtained from the pretest. Therefore, the questions of whether DWCF can be an innovative instructional strategy and the description of learners' acquisition patterns are open to other levels of learners, in other words, beginning and advanced group of learners. However, the researcher has to admit the fact that the boundaries among learner writing abilities have been blurred in the literature of WCF and DWCF, and this study may offer one alternative way of assessment to compare the results of this study to those of others on an equal basis. As far as the researcher knows, few studies looked at the combined effect of accuracy and fluency on the students' writing development and thus call for future studies to verify the findings of this study is definitely needed.

2.4.1. 논문 제목

Hur, Suwon & Park, Chongwon. (2018c). Effects of instructional hour intervals on the dynamic written corrective feedback. New Korean Journal of English Language and Literature, 60(4), 203-224.

2.4.2. 연구 질문

1) 정확도와 유창도를 동시에 고려할 때, 교수 간격 차이가 역동적 문자교정지도를 통한 장·단기간의 언어습득에 어떠한 영향을 주는가?
2) 교수 간격과 과업 시기 간 상호작용 효과가 있는가?
3) 교수 간격은 학습자의 언어습득 유형 (총체적, 지엽적, 그리고 기계적 오류)에 어떠한 영향을 주는가?

2.4.3. 주로 사용한 NVivo 기법

Corder reliability (Coding comparison), Attribute (Instructional hour interval, Types of written errors), Coding Matrix Search (Research questions)

2.4.4. 연구 결과

 본 연구는 학생들의 작문 능력을 향상시키는데 있어 교수 간격 차이의 효과를 비교하고 확인할 목적으로 진행되었다. 결론에서는 교수 간격의 효과 (정규 학기와 계절학기)와 역동적 문자교정지도의 서로 다른 효과라는 견지에서 논의를 하고자 한다.

연구 결과에 따르면, 계절학기 학생들의 작문 능력이 통제 집단을 앞질렀다는 것인데, 이것은 통제 집단처럼 단순하게 작문 시험만을 반복하기 보다는 역동적 문자교정지도에 노출된 학생들이 작문 능력이 우월해졌고 기간에 있어 장기 및 단기가 같은 양의 방향으로 나왔다는 것이다. 계절학기 학생들은 또한 정규 학기 학생들보다 사후 및 지연 사후에서 모두 작문 능력의 우위를 보여주었다. 조사 초기 단계에 이들은 같은 작문 능력으로 시작을 하였고 같은 양과 유형의 교수에 노출되었었다. 계절학기 학생들의 사후 테스트에서 작문 능력의 향상을 보인 것은 역동적 문자교정지도의 효과 때문이라고 말할 수 있다. 따라서 계절학기 학생들에게 역동적 문자교정지도가 이들의 정확도와 유창도를 증대한다는 것에 관한 증거를 본 연구는 제시하고 있다.

이러한 결과는 시간의 경과에 따라 습득을 측정한 최근 연구의 결과 (사전 사후 테스트와 통제 집단이 있는 연구 디자인)와도 일치한다 (Bitchener, 2008; Ellis et al., 2008; Sheen et al., 2009). 그러나 관사와 같이 단일 언어 항목에 초점을 둔 연구와는 달리 본 연구는 31개의 언어 항목을 정확도에서 지엽적, 총체적, 그리고 기계적 오류로 나누어 그 범위를 확장시켰다. 전술한 연구와 마찬가지로 본 연구는 새로 쓰는 글의 개작 효과를 보고 개작의 효과가 본 연구에 참여한 두 그룹의 참여자 (정규 vs. 계절학기)의 작문 습득 능력의 차이에 기여함을 증명하였다.

교수 간격이 다른 두 집단 (계절 vs. 정규 학기)에 대해 역동적 문자교정지도가 줄 수 있는 효과는 계절학기 학생이 정규 학기 학생보다 시간의 경과에 따라 더 나은 능력을 보여주는 것으로 나타났다. 정규 학기나 통제 집단과 비교해 볼 때, 계절학기 학생들은 사후와 지연 사후 테스트에서 통계적으로 유의미한 증대를 보였다. 이러한 결과는 교수 간격이 작문 학습자의 장·단기간 발달에 차이를 준다는 것을 의미한다. 이와 같은 장기간의 긍정적 효과는 계절학기 학생들이 경험한 특별한 학습 환경에 기인한 것이다; 다시 말하면, 발달 보고를 통한 학습자 자기 주도 모니터링인 것이다. 상당히 많은 연구가 단일 언어 항목에 집중하고 오류가 현저할 때 문자교정지도가 학습을 촉진한다는 주장을 뒷받침하고 있다 (Han, 2002; Nicholas, Lightbown, & Spada, 2001). 그러나 본 연구가 시사하는 바는 단일 언어 항목에 집중하는 문제와 달리, 학습자가 생성하는 빈번한 오류 또한 작문 발달에 관련되며 집중을 하고 학습자가 목표어와 자신이 작문에서 제시한 언어 사이의 괴리감을 인지할 때 긍정적인 효과를 가져온다는 점이다. 이와 같은 견지에서 Roberts(1995)는 문자교정지도가 효과를 거두려면, 학습자는 교정의 본질을 이해하고 인식해야 한다고 주장한다. 이러한 주장에 대해 본 연구는 작문 학습자가 목표어와 자신의 언어 사이의 괴리감을 인식하는 데 도움을 줄 수 있는 현실적인 제안을 하려고 한다. 본 연구에서 학습자 오류 보고와 개작은 학습자의 인식을 증대하고 작문 발달을 모니터링 하는 데 있어 촉매제 역할을 할 수 있다. 그러나 이와 같은 자기 보고 개작 효과는 단기가 아닌 장기에 비로소 효과가 나타난다는 것이다. 선행연구에서 작문 발달에 있어 개작의 효과를 강조하고 있으나 (Ashwell, 2000; Fathman & Whalley, 1990; Lee & Schallert, 2008; Sachs & Polio, 2007), 자신들의 주장을 뒷받침하는 근거 자료를 제시하지 못하고 있다. 이와 관련하여 본 연구는 새로운 주제를 다루는 일련의 작문 활동에서 학습자가 개작에 집중하는 것이 매우 중요함에 대해 실증적인 증거 자료를 제시하고 있다.

본 연구 결과를 모든 학습자에게 적용할 수는 없고 본 연구에서 시행한 측정 방식 기준으로 평균 65점 범주에 속하는 초급 학습자에게 제한을 해서 적용을 할 수가 있다. 본 연구에서 제시한 평가 준거 지침을 기준으로 볼 때, 상대적으로 오류가 적은 중급이나 상급의 학생일 경우 추가 연구가 반드시 진행되어야 할 것이다. 다시 말하면, 교수 간격의 차이가 다양한 능력을 가진 학생들에게 장·단기간에 어떤 효과를 보이는 가라고 하는 질문에 대한 답은 교수 간격이 다를 때 작문 교사가 학생 작문 발달에 어떤 도움을 줄 수 있을지라고 하는 이름의 큰 그림을 그려 나가는 데 있어 선명한 답변을 줄 것이다.

추가로, 초급 작문 능력을 지닌 학생들조차도 오류의 범위와 유형은 특정한 교수가 진행하는 교수 맥락에 따라 다를 수 있을 것이다. 따라서 본 연구를 다른 교수 맥락에 적용할 가능성을 타진하는 복제 연구는 역동적 문자교정지도의 성공과 실패를 좌우하는 맥락적 그리고 개인적 변인에 대해 전반적인 해명을 제공할 수 있을 것이다. 이러한 노력을 통해서 특수한 언어 능력 군이 문자언어를 습득하는 방식에 대한 이해의 폭을 넓혀 나갈 수가 있을 것이다.

3. NVivo를 활용한 문자교정지도 현행 연구 실제

앞에서 기술한 박종원 연구가 NVivo를 통해서는 어떻게 구현이 되었는지를 시연해 보자.

3.1. 현행 문자교정지도 연구 분석 기법

교수 간격 연구의 예를 들면, 정규 학기와 계절학기 수강생 모두에게 세 번의 작문 테스트가 시행되었으며 학생들이 받은 프리, 사후, 그리고 지연 사후 테스트 질문은 아래와 같다.

(1) 프리 테스트: How do you make new friends? Who is the person? Where did you meet? Why is he or she important to you? How did he or she affect your life?

(2) 사후 테스트: Who were the visitors? Why did they visit? What did they want to see? What did you show them? Were you a good host?

(3) 지연 사후 테스트: Imagine that the government has asked you to design a new building in your city. Answer these questions: What building will you design? What does it look like? What is the purpose of the building? What will make people proud of your building?

본 연구에서 작문 장르는 연구 참여자의 어학 수준을 고려하여 서술문으로 정하였고 작문 주제는 수업 교재에서 제시된 것을 채택하였다. 주 교재 TRIO WRITING 2는 초급 수준의 작문 수업을 목표로 제작되었다.

작문 시험 시간은 30분이고 컴퓨터 랩에서 시행되었다. 학생들은 시험 시간 동안에는 사전을 보거나 인터넷 검색을 할 수 없고, 만약에 그럴 경우에 이것은 부정행위로 간주되고 F 학점이 부여된다고 경고를 받았다. 연구자는 중간고사나 기말고사와 마찬가지 방식으로 퀴즈나 작문이 시행되는 동안에는 교실을 계속 돌아다니면서 부정행위자 적발에 최선을 다하였다. 작문이나 퀴즈 시험이 끝나면, 학생들은 자신의 작문을 연구자 전자 우편으로 우송을 하였다. 연구자는 수신 여부를 카페에 공지를 하였고, 학생은 자신의 작문 수신 여부를 실시간으로 확인을 할 수 있었다. 연구자는 사전 테스트결과를 전자 우편을 통해 받자마자 오류 코딩을 위해 NVivo 12로 학생들의 작문 자료를 이동하였다. 아래의 그림은 저자의 메일로 학생들이 제출한 작문 현황을 보여주고 있는데, 수업 시간에 학생들이 작문을 끝내자마자 아래의 작문 접수 상황을 공유함으로써 배달 사고를 막고자 노력하였다.

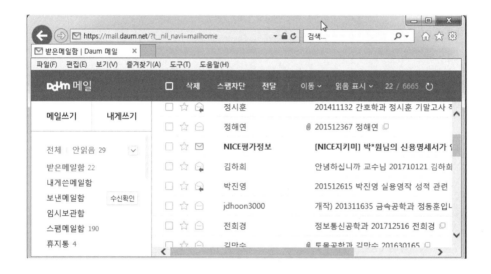

학생들의 작문 접수 상황을 확인하고 나서 학생들의 작문을 워드 문서로 옮겨 이름과 총 단어 수를 아래와 같이 기재하였다. 아래의 그림은 이*희가 제출한 작문에 대한 총 단어 수와 오류 수정을 받기 전 원본을 보여주고 있다.

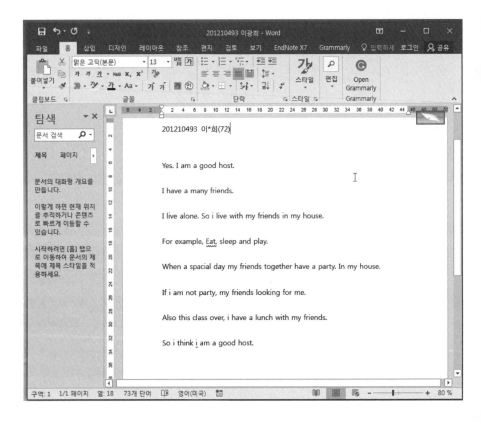

　학생들의 작문을 교정하는 데는 나안으로 직접 교정을 할 수도 있고 White Smoke 이나 Grammarly와 같은 소프트웨어를 활용하는 방법이 있는데 여기서는 Grammarly를 사용해서 교정을 하는 방법을 알아보자. 위의 그림에서 Open Grammarly를 클릭한다.

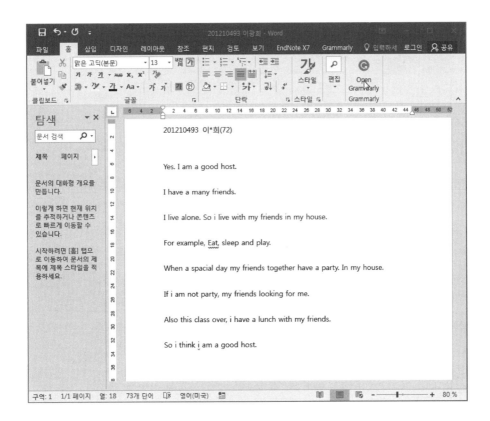

다음과 같이 11개의 오류를 찾아주는 것을 볼 수 있다.

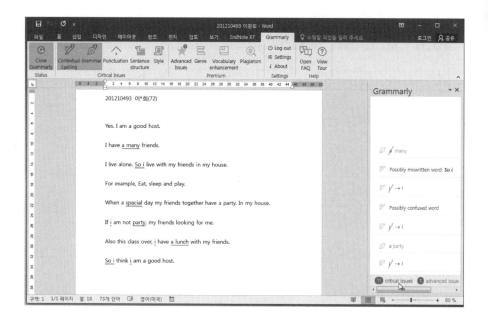

  앞의 그림에서도 알 수 있듯이 지적하는 오류의 대부분이 문법이나 기계적 오류임을 알 수 있고 내용 오류를 잡아내지 못하는 한계가 분명 있으나 작문 교사 입장에서 볼 때 문자교정지도 보조 도구로서 역할을 어느 정도는 수행할 수 있다고 생각한다. 특히 학생들의 개작 결과를 점검할 때 Grammarly를 활용하면 작문 교정에 소요되는 엄청난 시간을 절약하는 효과를 가져 올 수 있다. 개작은 이미 작문 교사의 교정을 거쳤기 때문에 개작한 여부와 학습자가 얼마나 고민하였는지를 보는 것으로 매우 유용하며, 항상 시간에 쫓기는 작문 교사의 현실을 고려해 보면 개작을 다시 읽어야 하는 데서 오는 시간을 절약할 수 있기 때문이다.

  Grammarly는 의미 오류를 잡아 줄 수가 없고 작문 교사가 학생들의 작문에서 의미 오류로만 마킹을 한 것에 대해 학생들로 하여금 스스로 의미가 통하는 문장을 만들어서 개작하고 연구자에게 보낼 것을 권면하고 가능한 연구자가 목표언어를 제시해 주려고 하지는 않았다. 하지만 학생들에게 강조한 것은 글을 쓴 사람이 무엇을 말하고 하는 것을 잘 아니 의미 오류를 지적 받은 사람은 본인이 쓴 글의 앞뒤 맥락을 살펴보고 먼저 한글로 하고자 하는 말을 써 보라고 하였다.

다음의 예를 살펴보자.

200513532 강경묘

One of my friends is having a pet a dog. She usually pays her attention to her god. So often, I envy her because of her dog. When I went to her house, the dog really loudly barked. As you know, it was seriously noisy. Although I know this problem, I want to raise any animals. Due to the financial or economic situation, many family have only one son or daughter. This reason makes a kid to feel lonely. In my opinion, living alone child has more side effects than living with their pet or pets. If I or others raise a pet such as my sibling, I have to take care of it natually. it will help us get generous and considerate mind easily. Of course as I said it before, it makes noisy and housework to do, but it'll be the true that it give you comfortable or responsibility. Sometimes we can see some serious people who look after severely such as a person. However it was, I think it depends on their situation. We don't know their own mind so we don't have to blame them. I think they get some reasons which they could do that. One of my another friend, she had to went through her dog's death.

After then, when she saw a dog which was passing by US, she couldn't stop crying. Just she loved him very much like her younger brother because I heard that my friend told him and played round with him. I think it depends on just what you have in mind. Through her, I realized that animals can be a friend or my family so it is

블록으로 표시된 부분이 의미 전달이 잘되지 않는 것으로

  *…but it will be true that it give you comfortable or responsibility.

의 경우 우리말로 풀어 보면 애완견은 주인에게 편안함과 책임감을 가지게 할 것이다라고 말하는 것이 적절해 보인다. 이렇게 우리말로 옮기고 해당하는 영어를

넣어주면,

A dog will give us comfort and responsibility.

가 될 것이다. 이러한 자가 개작의 결과에 대해 확신을 하지 못하는 학생은 파파고로 가서 번역 작업을 통해 최종 확인을 하고 그 결과물을 연구자에게 보낼 것을 권장하였다. 아래는 파파고에서 실제 결과물을 도출해 낸 것이다.

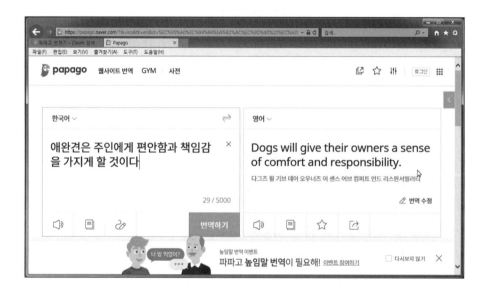

위와 같이 비교적 정확한 결과물을 도출해 주는 것을 알 수 있다 (2019년 1월 19일 기준). 파파고가 정확한 결과물을 산출하려면 전제 조건이 한글로 글을 쓸 때 그 구조가 영어의 구조와 일치해야 정확한 결과를 도출할 수 있다는 점이고, 작문 수업에서 문장의 유형 (Simple, Compound, Complex)을 특히 초급 수준의 학생들에게는 집중적으로 지도를 하여야만 인공지능의 도움으로 목표 언어에 다가갈 수가 있다는 것이고 결과적으로 작문에서 의미 오류의 감소에 결정적인 기여를 한다는 사실이다.

이러한 교정 과정을 거쳐 개별 학생들의 교정 결과를 아래와 같은 하나의 폴더로 만들어 보관을 하였다.

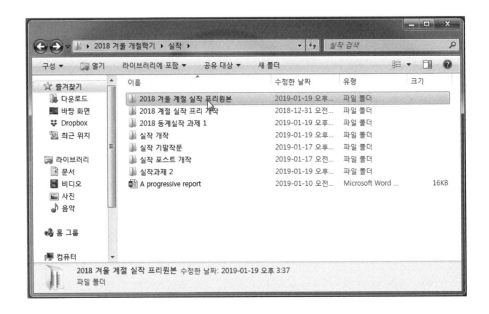

학생들은 네 번의 작문 연습을 하고 네 번의 개작 결과를 제출하였고, NVivo로 불러오기 위하여 결과물을 MS word로 저장을 하였다. NVivo로 불러오는 문서는 MS word, RTF, text 등이 가능하나 한글 문서로 작업을 할 경우 NVivo로 불러올 수가 없다. 그렇다면 연구가 불가능한 것일까?

다음은 한글 문서의 한 예를 보여준다.

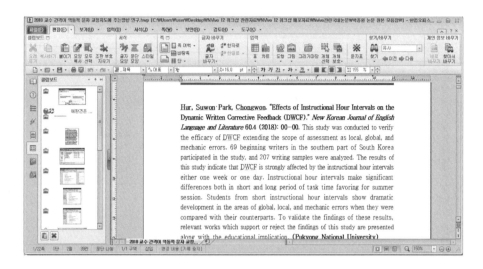

위의 한글 문서를 MS word나 기타 확장자로 변환을 하려면, 파일 〉다른 이름으로 저장하기를 클릭한다.

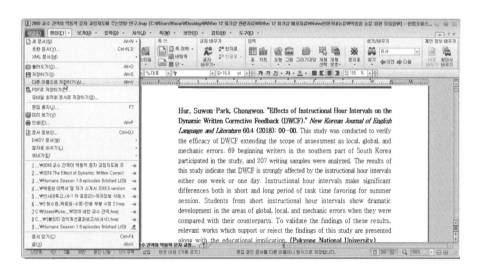

파일 형식에서 역삼각형을 클릭한다.

여러 가지 선택 사항 중에서 워드 문서를 선택한다.

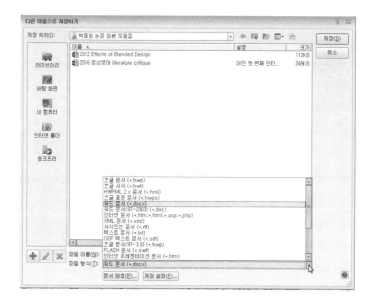

저장을 클릭한다.

계속을 클릭한다.

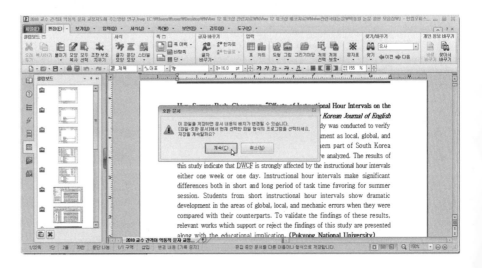

한글 문서 하나를 위와 같이 MS Word로 변환하는 것은 일도 아니겠으나 문자교정지도 연구 자료의 경우 학생들이 한 학기나 계절학기 기간 중에 네 번의 작문을 한다고 가정을 하면 연구자가 다루어야 할 문서의 총 수는 30명 수강생 기준 영작 120편과 개작 120편을 모두 합한 240편의 문서를 모두 위의 변환과정을 거쳐야 NVivo로 불러올 수 있다는 것인데, 이렇게 한다면 분명 열정은 있다고 하나 매우 어리석은 방법일 수 있다. 한 가지 해답은 문서 변환 프로그램을 사용하는 것인데, HwpConv(1)이 대안이라고 할 수 있겠다.

연구자의 컴퓨터에서 HwpConv(1)을 클릭한다.

파일 형식 〉한글 문서를 선택한다.

추가를 클릭한다.

내 문서에서 한글 문서를 선택 〉 열기를 클릭

파일 형식 〉 워드 문서로 다시 변경

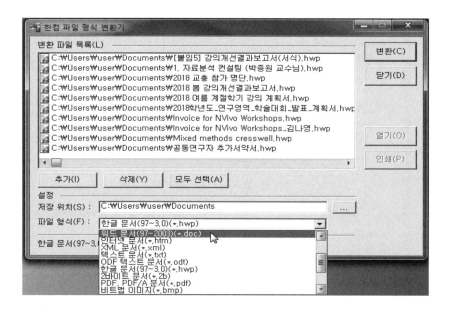

변환을 클릭한다.

모두 허용 선택

계속을 클릭

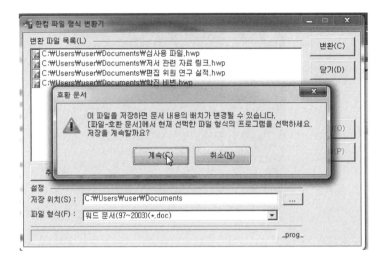

아래와 같이 모든 한글 문서가 워드 문서로 변환이 된 것을 알 수 있다.

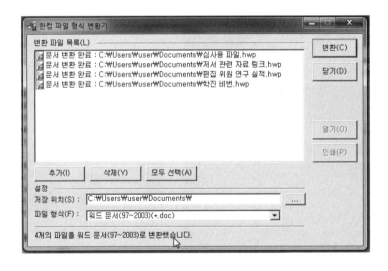

지금부터는 NVivo로 문자교정지도 자료를 불러오고 코딩을 하는 방법에 대해 알아보자.

연구자 컴퓨터 바탕화면에서 NVivo 12를 두 번 클릭한다.

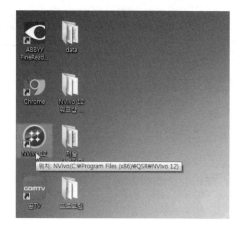

Open other project 클릭

2017 실용 영작문을 선택 > 열기를 클릭

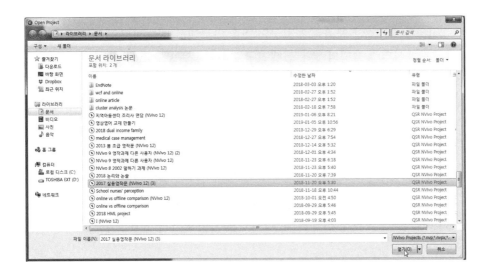

아래와 같이 프로젝트가 열린다.

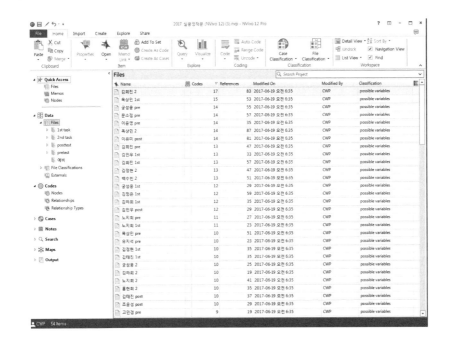

양적 연구와 대비해서 질적 연구가 흔히 비교가 되는 것이 변수 관련해서 최대한 변수를 통제하지 않고 개방하는데 있다고 볼 수 있을 것이다. 그러나 Saldana (2016)가 정교하게 분류해 두었듯이 질적 연구에서 모든 코딩이 개방형인 것은 아니고, 가설검증 코딩의 경우 선행연구 결과가 너무나 견고하고 현행 연구에서 연구자가 수집한 자료를 선행연구자가 체계를 잡아둔 경우 연구자의 역할은 현장에서 모은 자료를 선행연구자들이 만들어 둔 코딩 체계를 검증하는 정도이며 이런 경우 개방형 코딩이 아닌 폐쇄형 코딩을 사용하는데 영어교육 영역에서 문자교정지도의 경우 대표적인 선 코딩으로 접근할 수밖에 없는 것으로 사려된다.

문자교정지도 연구에서 무엇을 코딩할 것인가는 무엇을 교정의 주된 대상으로 삼을 것인가와 같은 말이다. 박종원 (2007)은 선행연구자들이 개발한 작문 평가 준거 기준을 모두 모아 아래의 세 영역으로 요약하여 보고하고 있다.

1. Grammar

23 items are the major concern of the evaluation. These are,

1) Noun (pluralization): I have several reason that a city life is better than a country life.

2) Pronoun (reference): Then, grandmother and mother made ancestor-memorial rites food and I helped it in the side.

3) Agreement (Subject and Verb): My English is terribly poor. So, it take me some time to write a letter in English.

4) Article: I plan to read the many books.

5) Preposition: A big city is always full by people.

6) Tenses (12 tenses): Umm.. Have you go to Baksuk Scholarship Information Stadium?

7)   Determiners: Seoul is a capital in Korea.

8)   Modals (to Root, Rooting, Rooted): I become respect her.

9)   Root: I can't meditation, because there is a lot of noise.

10)   Possessives: ...and small town is the object of the there adoration.

11)   Object of a verb: I can use easy.(what?)

12)   Comparison: And the trees in Seoul seem to be more withered up than Kang Won Do.

13)   Capital letters, punctuation: i often take a walk with my pet.

14)   Spelling errors: I believe in him and that is my faul.

15)   Relative Pronoun: I stayed Mokp'o which is my grandmother lived.

16)   Tag Questions: Last week, the basket ball game was very interesting, weren't it?

17)   Noun: I received your letter with delightful.

18)   Adverb: I always had lived there, (position)

19)   Voice: When the movie was end, my heart was breaking.

20)   Verb: The more I approach at a big city, the more I can feel the terrible kinds of pollutions.

21)   Adjective: Many people argue that living in a small town is help.

22)   Sentence types in general:

(1) Simple (S+V, S+V+SC, S+V+O, S+V+O+OC, S+V+IO+DO):
 Also traffic is convenience.

(2) Compound: The air is dirty, some trees are dying. (conjunction is omitted)

(3) Complex: Because of I enjoyed shopping very much, I like big city and life in a big city.

23)   Conjunctions: There are lots of people, many vehicles in a big city. (Conjunction is omitted)

2. Contents

1)   Not clear meaning: For example, Seoul has a korean-style house which can feel about ancient things.

2)   Word choice: I gain much money in days to come.

3)   Usage: I feel like to eat something.

4)   Redundancy: I went to go to the theater with my sister.

5)   Style: My family member is 4; mom, dad, younger brother and me.

6)   Logic: The man who is well-educated earns a lot of money.

3. Organization

1)   Parallel Structure: I attend a lecture, every Monday, Tuesday, Friday. (Conjunction is omitted)

2)   Connectives: THE first, for my healthy automobile exhaust gas, overcrowding are bring about smoke pollution and a noise.

3)   Clear demonstration of introduction, body, and conclusion

4)   Clear demonstration of thesis statement

5)   The balance among introduction, body, and conclusion (in terms of the length of the sentences)

6)   Level of coherence

박종원 (2007)에 따르면 위의 세 영역과 하부 영역에서 오류가 많을수록 작문을 못한다고 평가가 되고, 반대로 위에서 말한 오류가 적을수록 작문 능력이 상위권에 속한다고 할 수 있다. 위의 평가 준거 기준으로 알아본 학습자들이 가장 많이 범하는 오류는, 1) 문장의 유형, 2) 수 일치, 3) 정동사, 4) 병렬 구조, 그리고 5) 관사와 명사 파트로 판명이 되었고, 연구자이자 교사는 이 부분에 대한 관심의 집중과 연습이 절실해 보여 그들의 오류를 다시 유목화하였다. 학생들은 주차 또는 일일 별로 아래의 항목에 대해 미리 읽어보고 생각할 시간을 가지게 하였고, 수업 시간에는 매번 퀴즈를 통해 논의하고 질문을 받았다. 퀴즈 준비 자료와 시행된 퀴즈는 본서의 부록을 참고하기 바란다.

NVivo 로 문자교정지도 자료를 불러오면 제일 먼저 해야 할 일이 코딩값을 선코딩을 하는 것으로 코딩된 내용을 보기를 원하면 먼저 불러온 프로젝트에서 Codes 〉 Nodes를 클릭한다.

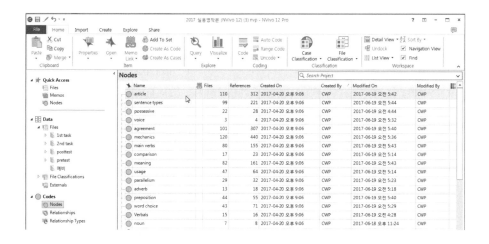

위의 코딩값은 세 가지 주요 오류 범주 별로 하부 노드가 정리된 것은 아닌데, 연구자가 원한다면 노드 간 상하의 범주를 잡아주고 정리를 해 나가면서 코딩을 할 수 있다.

전술한 박종원외의 연구에서 NVivo를 활용하여 분석한 기법을 시연해 보도록 하자. 아래의 표는 박종원과 공동 연구자의 연구 결과를 요약하였다.

박종원과 공동 연구자 관련 최근 연구 결과물 요약

저자	년도	논문 제목	NVivo 기법
Hur, Suwon & Park, Chongwon	2019	The effect of proficiency and task time	Corder reliability (Coding comparison), Attribute (level, types of written errors), Coding Matrix Search (Research questions)
Park, Jiyoung & Park, Chongwon	2018a	Effects of learning environment differences	Corder reliability, Attribute, Coding Matrix Search (Research questions), Cluster analysis
Park, Jiyoung & Park, Chongwon	2018b	Effect of a medium of instruction	Corder reliability (Coding comparison), Attribute (Medium of instruction, types of written errors), Coding Matrix Search (Research questions), Cluster analysis
Hur, Suwon & Park, Chongwon	2018c	Effects of instructional hour intervals	Corder reliability (Coding comparison), Attribute (Instructional hour interval, Types of written errors), Coding Matrix Search (Research questions)

앞의 표를 살펴보면, 네 논문에서 공통으로 사용한 NVivo 기법은 corder reliability, attribute, coding matrix search이고 Park, Jiyoung과 Park, Chongwon (2018a)에서는 단독으로 cluster analysis를 수행한 것을 알 수 있다. 여기에 대해 그 과정을 시연해 보도록 하겠다.

3.1.1. Corder reliability

코딩 방법에서도 언급하였듯이 문자교정지도 연구는 선행연구가 견고하게 잘 된 영역이고, 따라서 폐쇄형 코딩을 사용하는 대표적인 예라고 하였다. 객관적인 준거 기준이 있고, 연구자가 할 일은 선 코딩이 된 상태에서 연구자가 수집한 자료가 얼마나 선행연구의 준거 기준에 부합하는가를 검증하는 방식인데, 이런 경우는 코더 간 의존도 검증은 필수 사안이다. NVivo에서는 intercorder reliability를 측정하는 방법으로 Coding comparison (코딩 간 비교) 기법을 활용할 수가 있다.

바탕 화면 〉 NVivo 12 워크샵 배포자료를 클릭

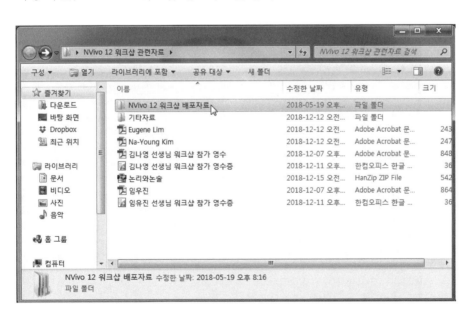

백업파일 클릭

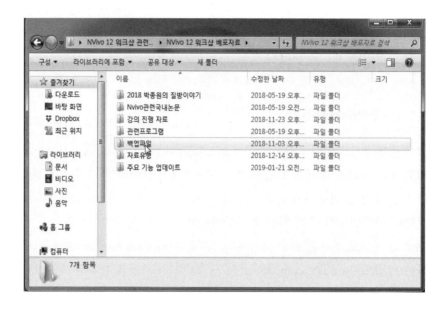

NVivo 9 영작과제 다른 사용자 클릭

Convert를 선택

NVivo 12에서는 NVivo 이전 버전으로 작업하거나 Atlas ti, Ethnographer 등 다른 질적 자료 분석 소프트웨어로 작업한 모든 자료를 Convert 기능을 통해 복원하고 작업을 계속 이어서 NVivo에서 수행할 수가 있다.

아래와 같이 프로젝트를 불러올 수 있다.

Files를 클릭

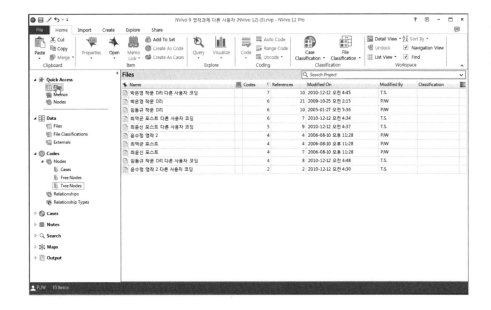

학생들이 제출한 작문이 두 사람의 평가자에 의해 평가가 되었고 코딩값이 서로
다른 것을 확인할 수 있다. Explore를 클릭

Coding Comparison을 클릭

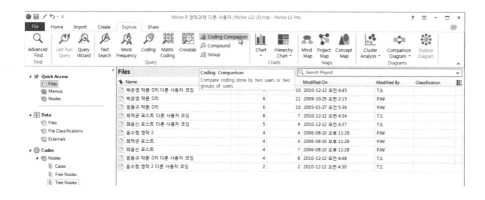

Coding Comparison Query > user group A Select를 클릭

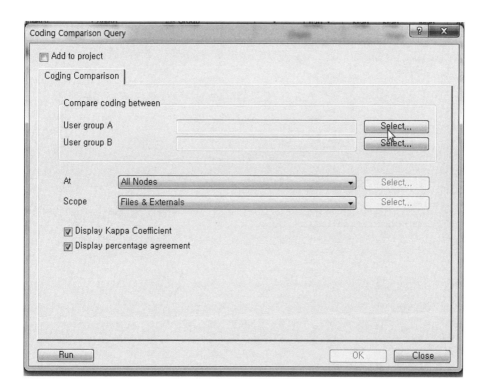

Chongwon을 체크 마크

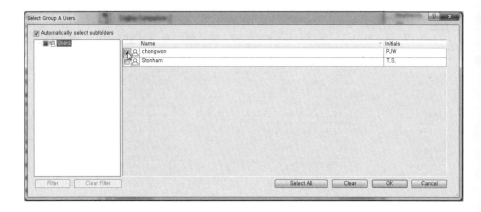

OK를 클릭

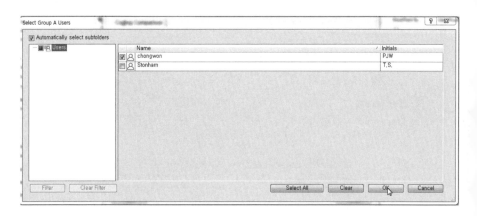

162

User group B를 선택

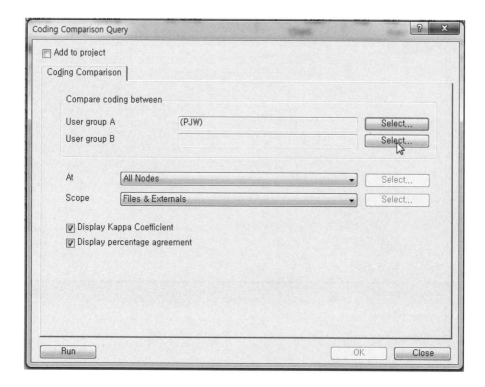

Stonham을 체크 마크

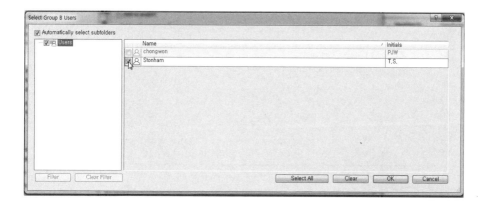

OK를 클릭

Run을 클릭

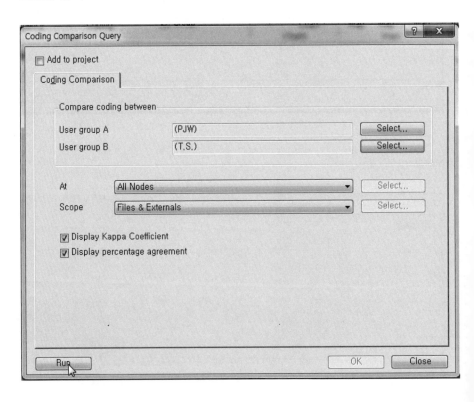

아래와 같은 결과물을 도출한다.

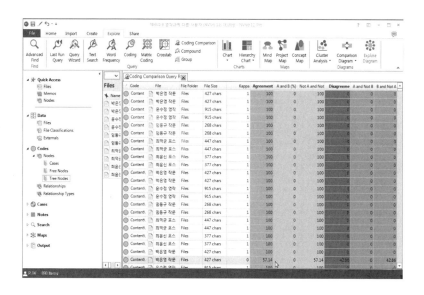

대부분 카파 계수가 100으로 내적 일치도가 매우 높다는 것을 의미하는데 비교적
일치도가 낮아 보이는 박은영 작문 파일을 두 번 클릭해 보자.

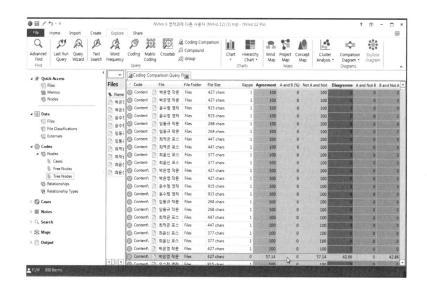

의미 영역에서 Stoneham과 chongwon이 이견을 보이고 있다는 것을 알 수 있다.

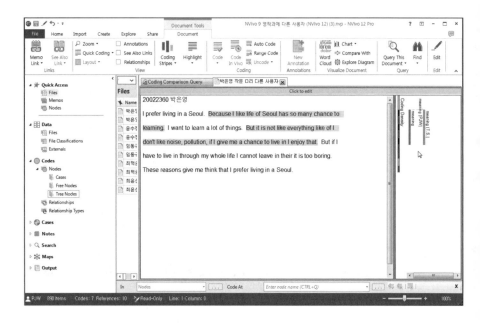

　　내적 일치도가 낮은 항목들에 대해서는 위와 같은 방법으로 각 개별 해당 항목으로 들어가 평가자 간 의견 조율을 통해 일치하는 방향을 모색하여야 할 것이다. 박종원과 동료 연구자의 네 편의 연구에서 파악한 코더 간 내적 일치도는 매우 높게 나왔다.

3.1.2. Attribute 만들기

속성은 원 자료나 코딩과 관련된 인구 통계학적 자료가 있는 곳으로 양적 자료를 만들거나 불러올 수도 있다. 또한 Matrix Coding Query의 전 단계에서 속성값을 만들면 다양한 질문을 던지고 답을 얻을 수가 있는데 지금부터는 속성값을 정하는 방법을 시연하도록 하겠다.

　　아래의 박지영과 박종원 (2018a) NVivo 프로젝트 창을 살펴보자.

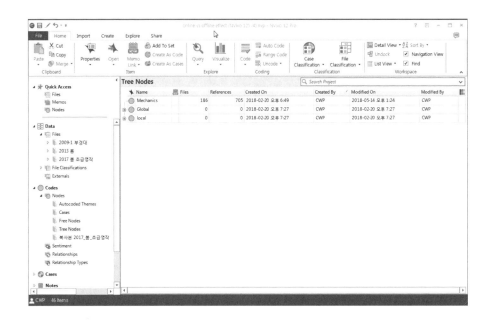

　　Tree Nodes를 보면 학습자 오류를 세 개의 주요 도메인 (Mechanics, Global, 그리고 Local)으로 분류를 해서 코딩을 한 것을 알 수 있다. 이 연구는 교수 환경 (On vs Off line)에 따라 학습자 오류 유형에 어떠한 차이를 보이는지를 알아보고자 하였다. 연구자가 설정한 교수 환경과 오류 유형이라고 하는 두 개의 독립 변수 이외에도 연구에 영향을 줄 수 있는 가능한 변인으로 학습자가 노출된 과업 시기도 충분히 고려해 볼 가치가 있을 것이다.

Data 〉Files 〉2009-1 부경대 폴더 좌측의 역삼각형을 클릭해 보자.

아래와 같이 pre, post, 그리고 예비 자료가 있는 것을 알 수 있다.

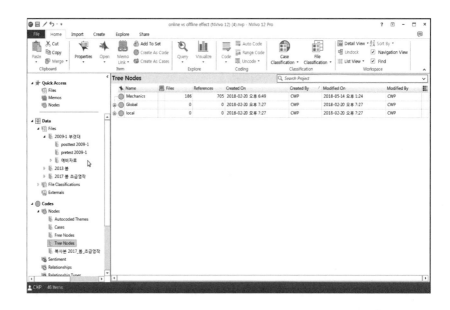

같은 방법으로 2013 봄 그리고 2017 봄 초급 영작의 하부 노드를 펼치면 아래와 같은 결과가 나온다.

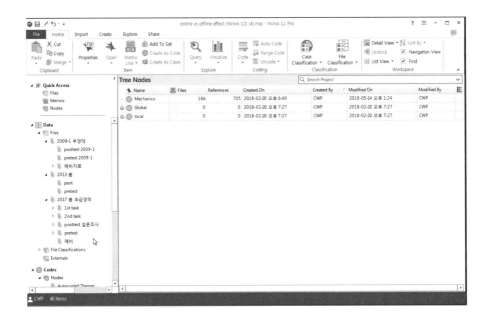

3학기 동안 진행된 영작 수업 자료가 있는데, 과업 시기로는 pre와 post가 세 번의 작문 시험에서 공통적으로 진행이 된 것을 알 수 있다. 여기에 대한 속성값을 만드는 방법에 대해 알아보도록 하자.

File Classification 클릭

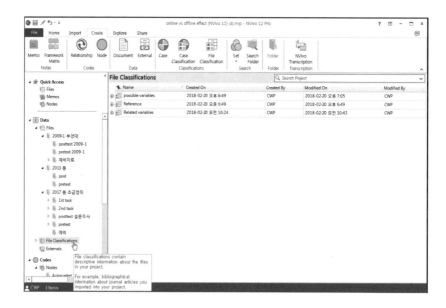

우측 흰 바탕의 화면에서 오른쪽 마우스 클릭 > New Classification 클릭

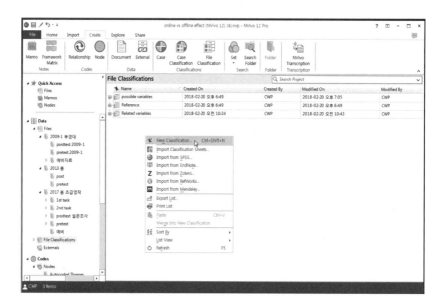

New Classification 〉 과업 시기 입력

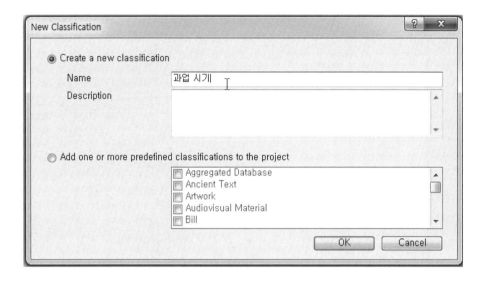

OK를 클릭

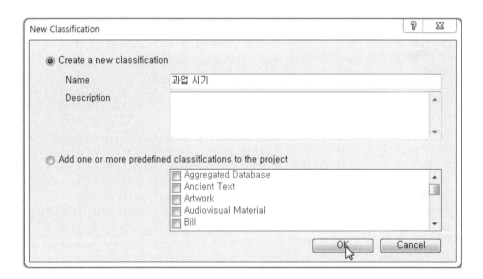

File Classification 아래에 과업 시기가 생성된 것을 확인할 수 있다.

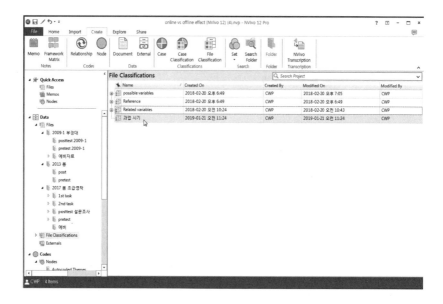

과업 시기 > New Attribute을 클릭

New Attribute 〉 차시를 입력

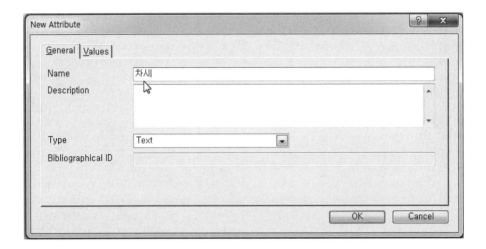

OK를 클릭

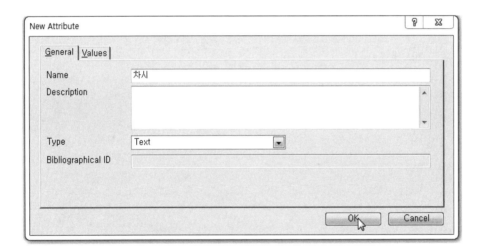

New Attribute 〉 Values를 선택

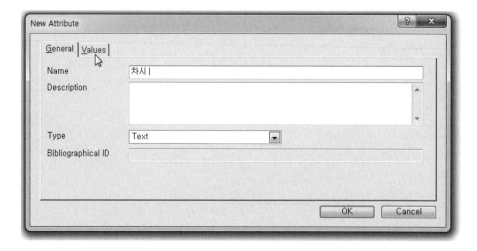

Add를 누른다.

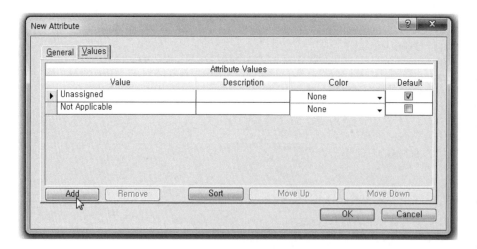

프리테스트를 입력한다.

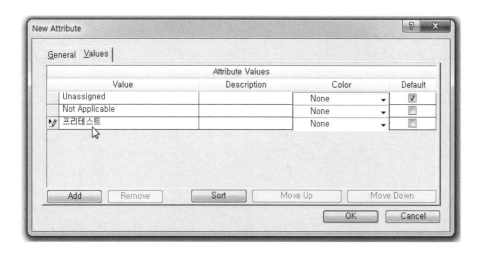

Add를 누른다.

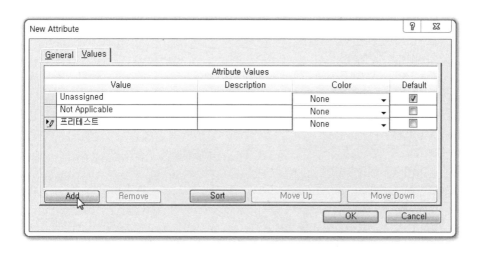

포스트테스트를 입력

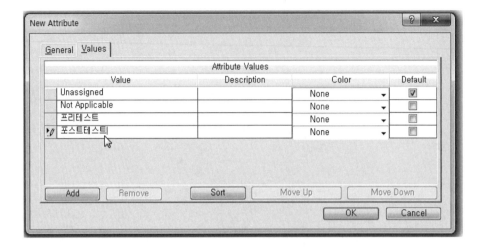

OK를 클릭한다.

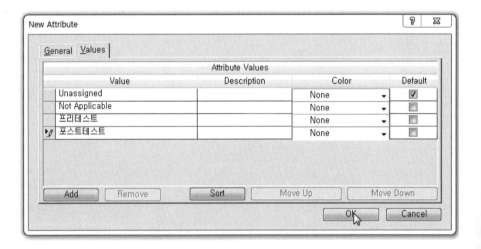

Files 〉 2009-1 부경대 〉 pretest 폴더를 클릭

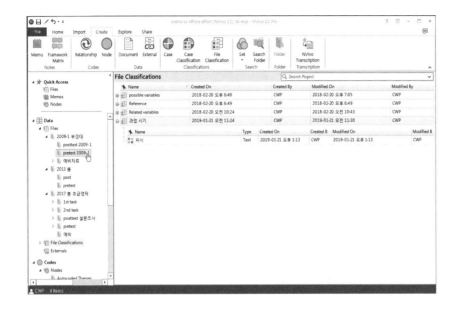

이인영 프리 선택

오른쪽 마우스 클릭

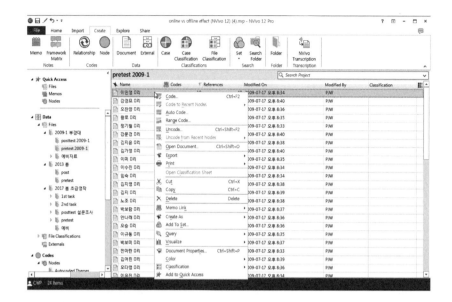

오른쪽 마우스 클릭

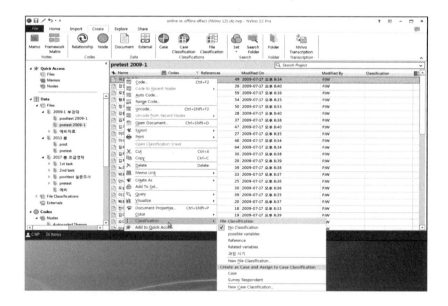

위의 그림과 같이 속성값은 지정했으나 개별 문서와 연결이 되지 않은 것을 확인을 할 수가 있다.

이인영으로 다시 돌아와서

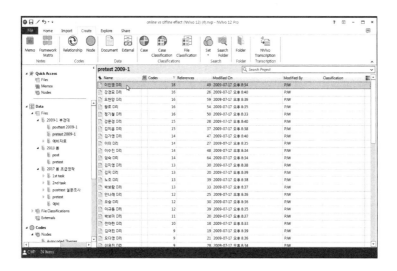

이인영부터 남이랑까지를 선택 〉 Shift page down을 한다.

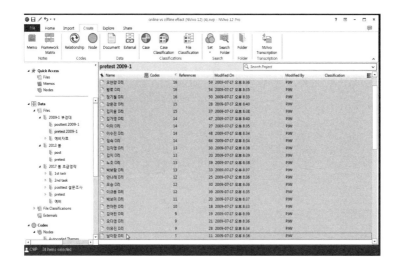

오른쪽 마우스 클릭

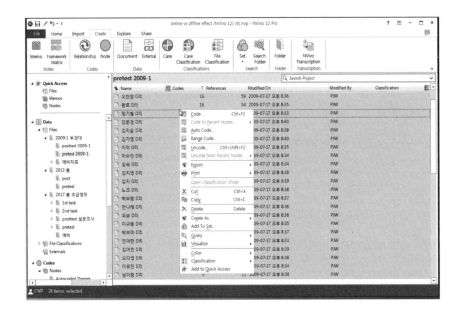

Classification > 과업 시기를 선택

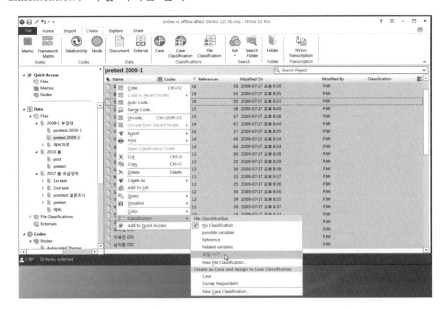

2009-1 부경대 〉 posttest 2009-1을 클릭

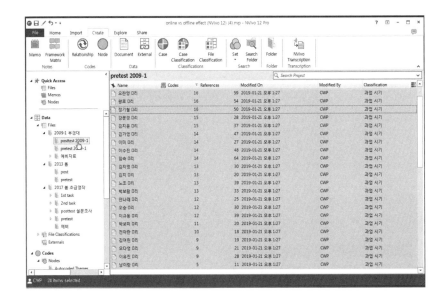

이규동부터 박보람까지를 Shift page을 눌러 모두 선택

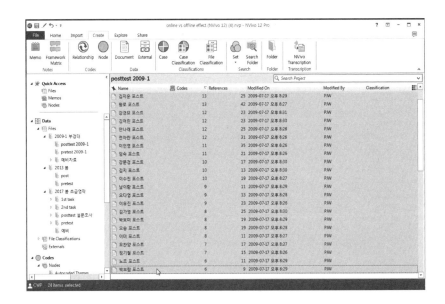

오른쪽 마우스 클릭 〉 Classification 〉 과업 시기를 선택

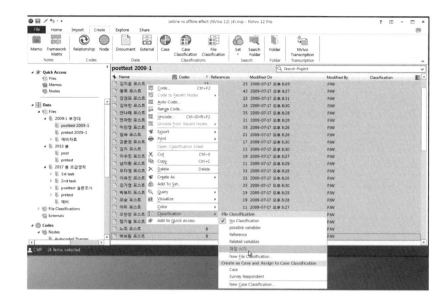

2013 봄 좌측의 역삼각형 클릭

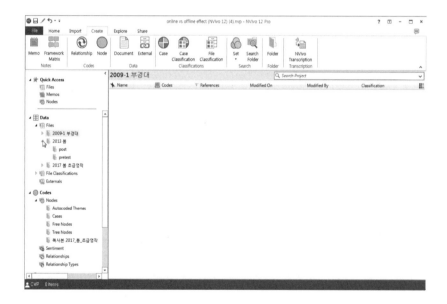

Pretest 폴더를 클릭

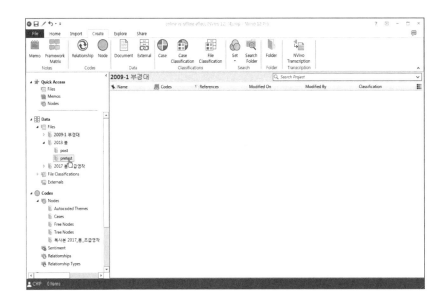

김동현부터 정기찬까지를 선택

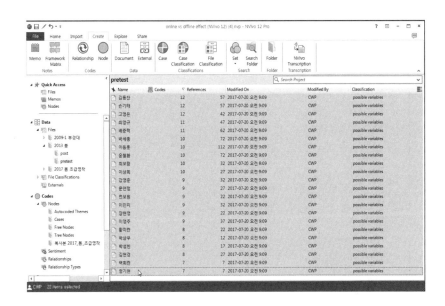

오른쪽 마우스 클릭 〉 Classification 〉 과업 시기를 선택

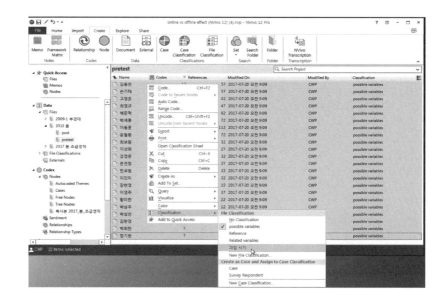

2013 봄 posttest 클릭

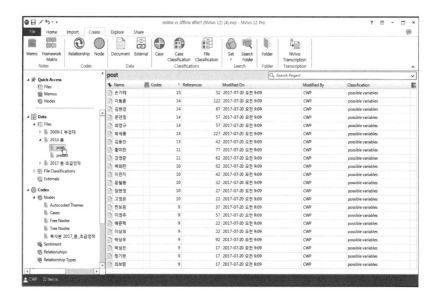

손기태부터 최보람까지를 Shift page down

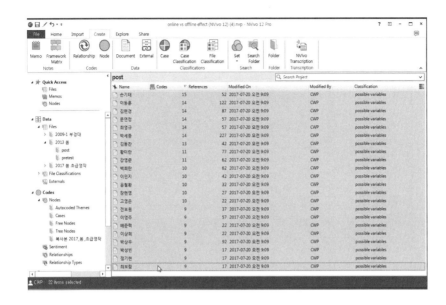

오른쪽 마우스 클릭 > Classification > 과업 시기를 선택

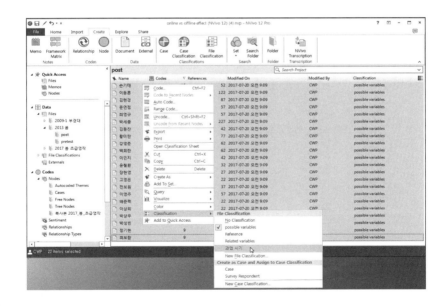

2017 봄 초급 영작문 좌측 역삼각형을 클릭

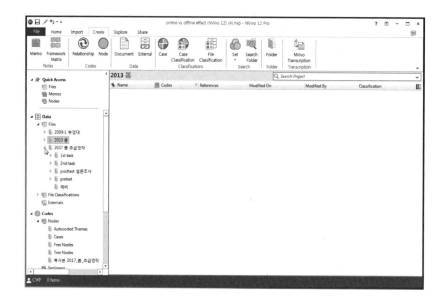

Pretest를 클릭

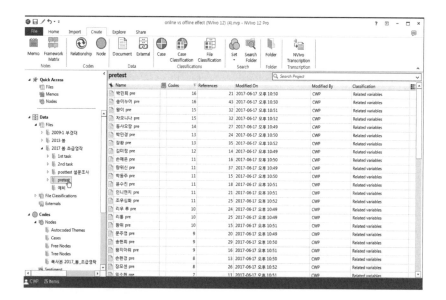

모든 학생을 선택 Shift page down

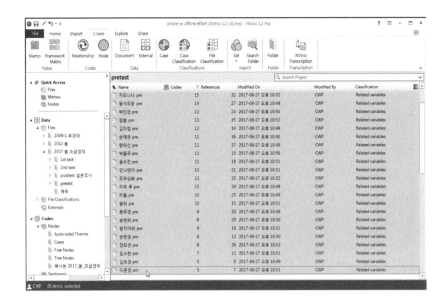

오른쪽 마우스 클릭 〉 Classification 〉 과업 시기를 선택

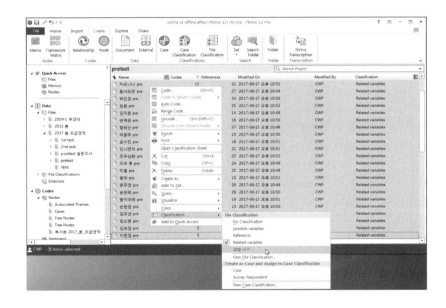

2017 봄 초급 영작 〉 posttest 폴더를 클릭

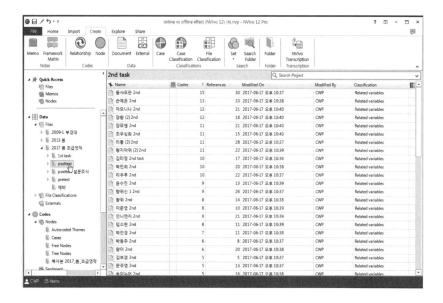

모든 학생을 선택 Shift page down

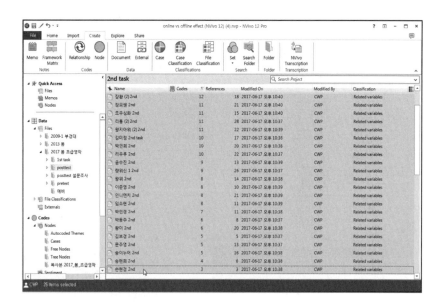

오른쪽 마우스 클릭 〉 Classification 〉 과업 시기를 선택

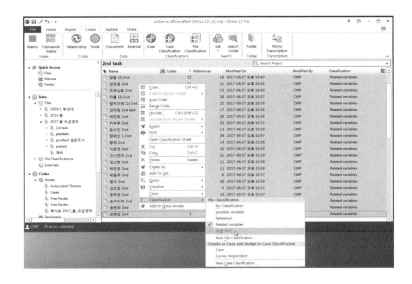

이렇게 해서 속성값을 만든 자료들을 연결하였는데 확인을 하려면 File Classifications를 클릭

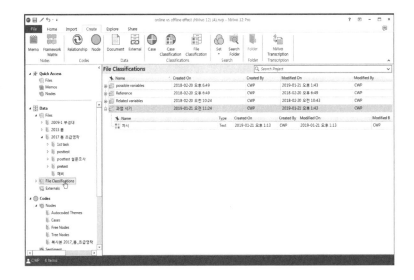

과업 시기 〉 Open Classification Sheet을 클릭

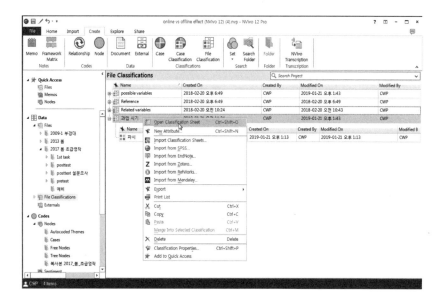

강경묘 포스트 옆의 차시 하단 역삼각형을 클릭

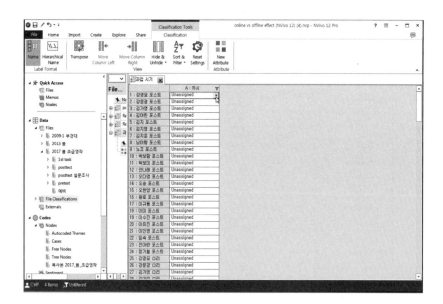

포스트 테스트를 선택한다.

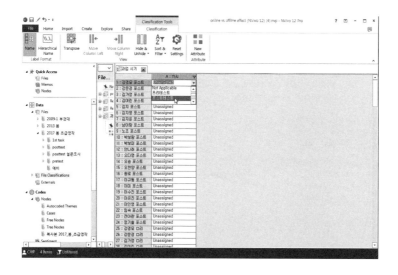

위와 같이 방대한 양의 자료를 역삼각형을 클릭하고 개별적으로 입력하는 것은 분명 시간 낭비가 될 수도 있다. 이런 경우 엑셀로 문서를 옮겨서 작업하는 것이 훨씬 효율적인데 이렇게 하려면, 오른쪽 마우스 클릭 〉Export Classification Sheet 를 클릭

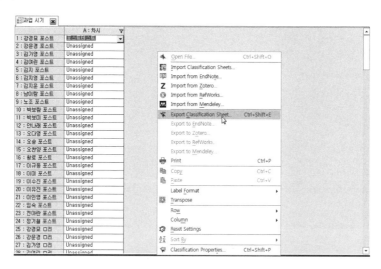

Export Classification Sheets 〉 Browse를 클릭

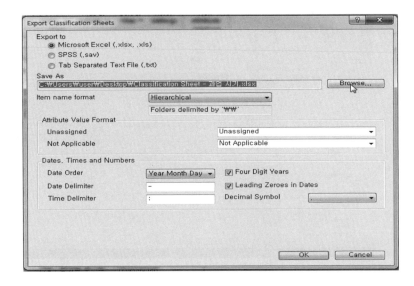

바탕화면을 클릭

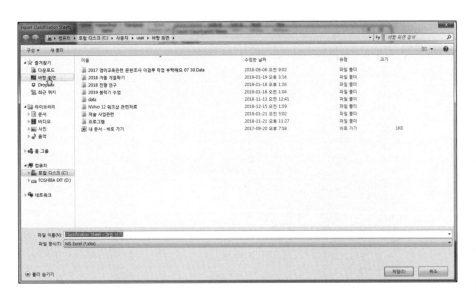

저장을 클릭

OK를 클릭

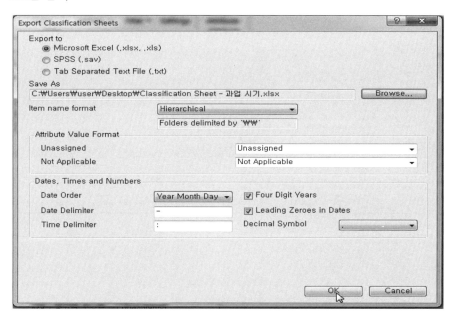

연구자 바탕 화면에서 내보내기를 한 엑셀 문서를 클릭한다.

강경묘 포스트를 선택하고 플러스 표시가 뜨면

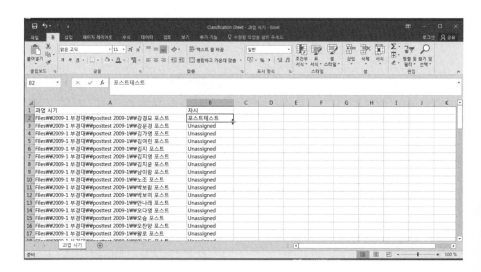

아래쪽으로 끌기를 한다.

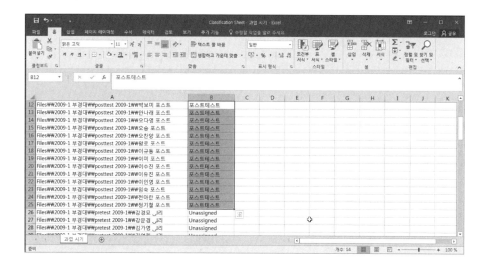

동일한 방법으로 자료를 포스트와 프리 두 가지 속성으로 묶어 나가는 작업을
하면

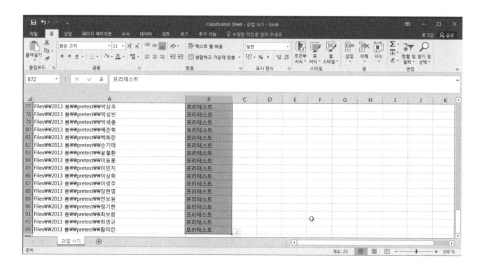

우측 상단의 X 단추를 눌러 닫기를 클릭한다.

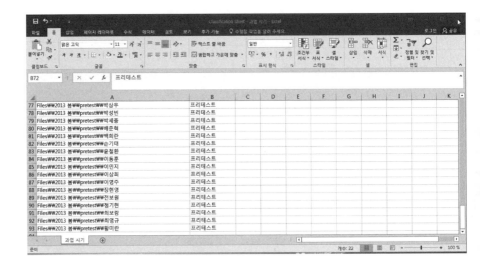

변경된 내용을 저장한다.

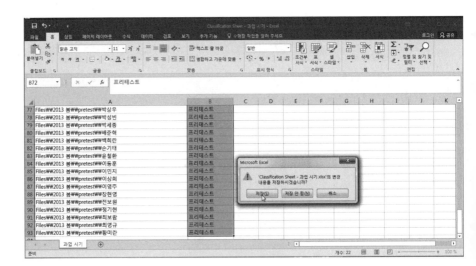

NVivo로 다시 돌아와서

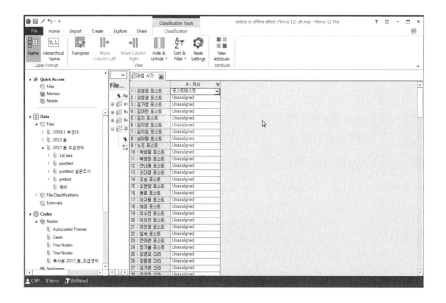

Import Classification Sheets를 클릭한다.

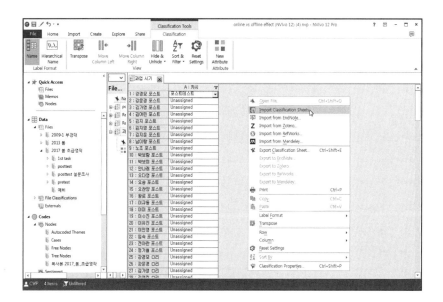

바탕화면 클릭

Classification Sheet을 선택

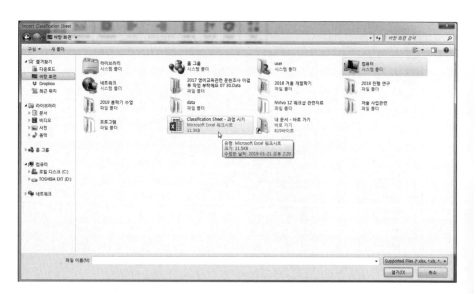

198

열기를 클릭

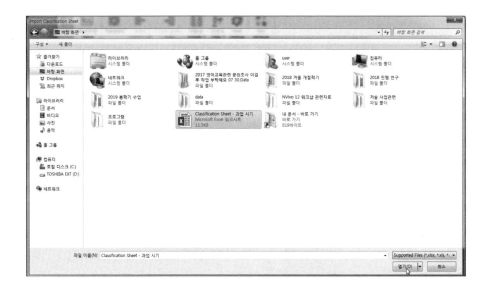

Next를 클릭

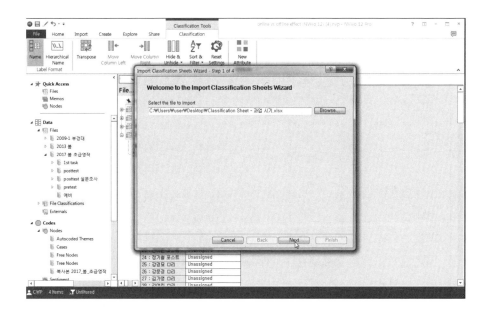

해당 항목 모두 체크 마크 > Next 클릭

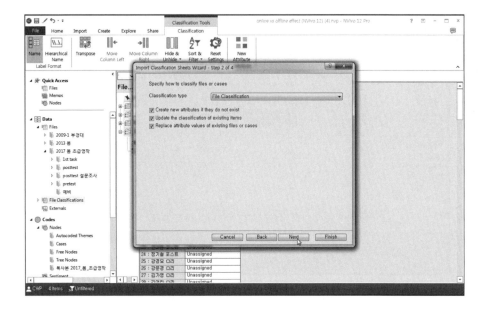

Next를 클릭

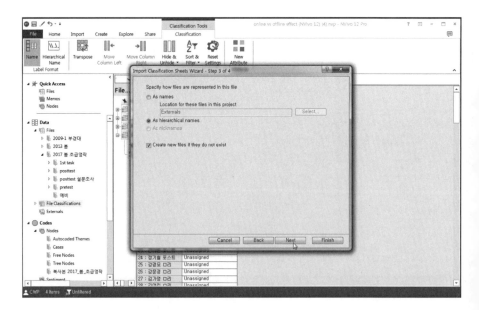

Finish를 클릭

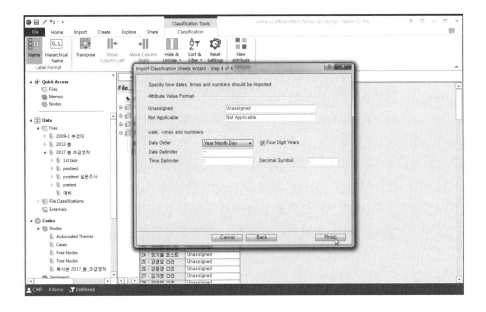

아래와 같이 새로 수정한 내용으로 업데이트 된 것을 볼 수 있다.

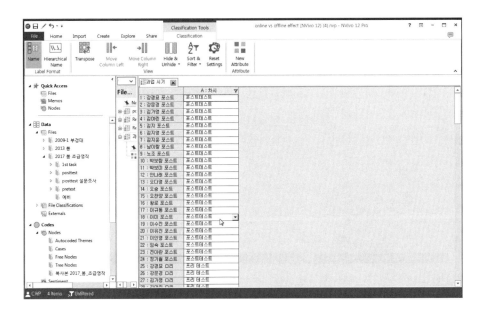

3.1.3. Coding Matrix Search

속성값을 만들면 아래와 같은 일련의 요인을 만들 수 있다.

Factor I: 원자료 (인터뷰, 일기, 영작 샘플 등)

Factor II: 코딩값 (본 연구의 경우 영작 오류)

Factor III: 속성값 (본 연구의 경우 과업 시기 (프리와 포스트 테스트))

위의 틀을 근거로 연구자는 질문을 하고 여기에 대한 답을 근거로 이론을 구축할 수가 있다 (Maxwell, 1996). 예를 들면, 연구 참여자들이 보여주는 문자 오류값이 사전과 사후 테스트에서 어떤 공통점과 차이점을 보이는가? 라는 질문을 한다고 하자. 이것은 Factor II와 Factor III를 연계하면 답을 얻을 수 있는 질문이다.

NVivo로 돌아와서 Explore를 클릭

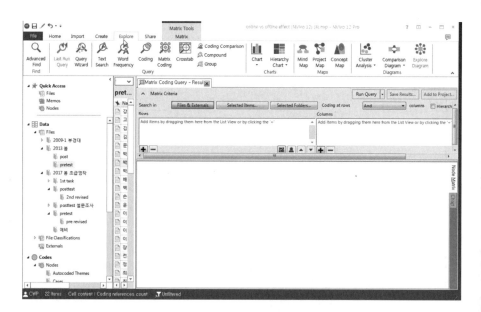

Matrix Coding 클릭

플러스 표시를 해제

Select Items를 클릭

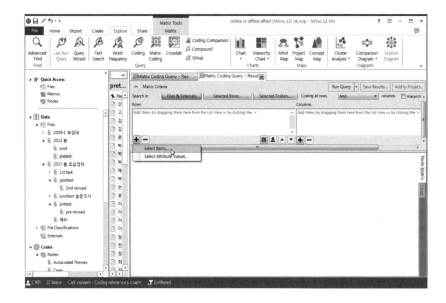

Nodes 좌측의 플러스 표시 해제

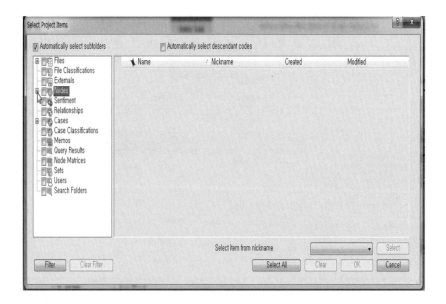

Tree Nodes 클릭

Tree Nodes를 체크 마크

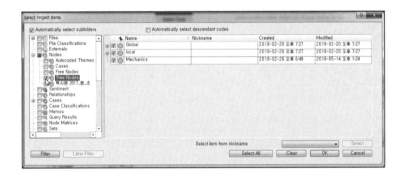

Automatically select descendent codes를 체크 마크

OK를 클릭

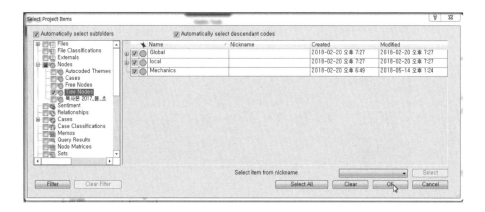

Columns로 이동하여 플러스 표시 해제

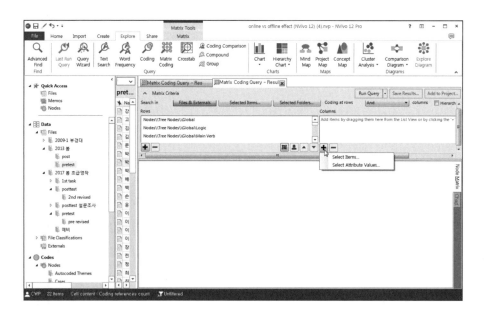

Select Items 클릭

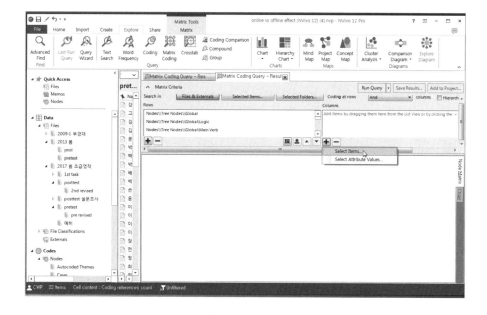

File Classification 클릭

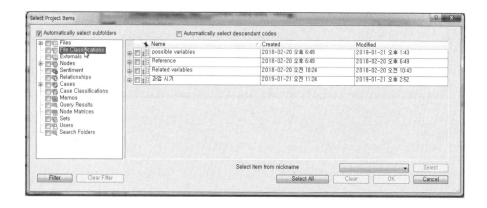

과업 시기 플러스 해제

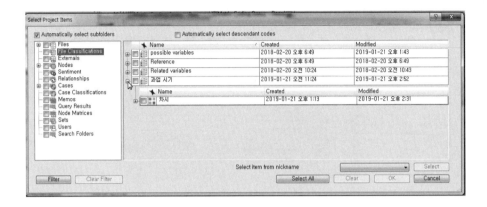

차시 플러스 해제

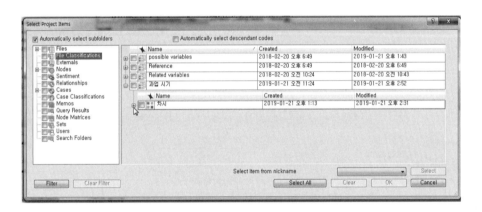

프리 및 포스트 체크 마크

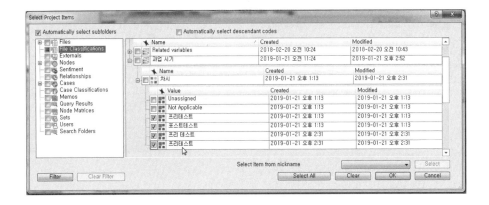

OK를 클릭

Run Query클릭

아래와 같은 결과를 도출해 낸다.

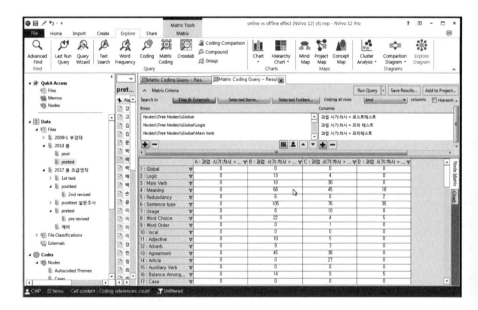

오른쪽 마우스 클릭 〉 Export Node Matrix를 클릭

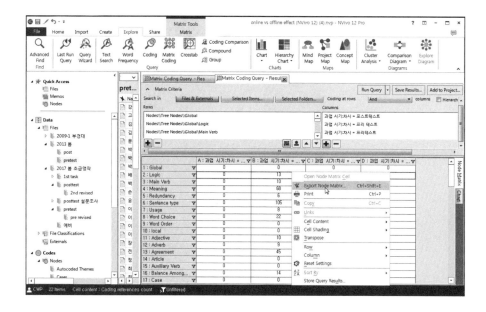

저장을 클릭한다.

작업한 내용이 아래와 같이 바탕화면에 저장된 것이 확인된다.

바탕화면 > Matrix Coding을 클릭

아래의 그림은 2009-부경대와 2013 봄 부경대 영작 학급의 사전 및 사후 테스트 결과로 대략적으로 보았을 때, 2009 부경대 학생들의 포스트에서 오류 수가 2013 봄 부경대 학생들보다는 많은 것으로 볼 때, 전반적으로 작문 능력 습득이 떨어진다고 말할 수 있겠으나 성급하게 결론 내리기 전에 통계적 유의도 검증을 먼저 할 필요성이 절실하다고 판단된다.

	A : 과업 시기:차시 = 프리테스트	B : 과업 시기:차시 = 포스트테스트	C : 과업 시기:차시 = 프리 테스트	D : 과업 시기:차시 = 프리테스트
1 : Global	0	0	0	0
2 : Logic	0	13	4	0
3 : Main Verb	0	10	30	0
4 : Meaning	0	68	45	18
5 : Redundancy	0	6	0	2
6 : Sentence type	0	105	76	35
7 : Usage	0	8	10	0
8 : Word Choice	0	22	4	5
9 : Word Order	0	0	1	0
10 : local	0	0	0	0
11 : Adjective	0	10	5	0
12 : Adverb	0	9	3	0
13 : Agreement	0	45	38	0
14 : Article	0	0	27	0
15 : Auxiliary Verb	0	0	0	0
16 : Balance Among Introduction, Body, and	0	14	0	5

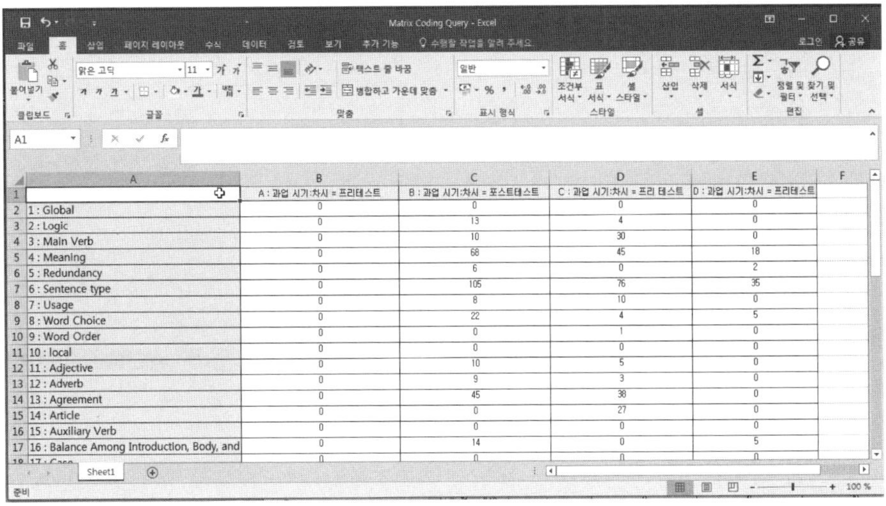

3.1.4. Cluster analysis

박지영과 박종원은 (2018) 학생들의 작문 오류를 Mechanics, Global, 그리고 Local로 나누었을 때, 특히 의사소통에 방해가 되는 글로벌 오류 간의 연관성이나 위계에 관심의 초점을 두었다. 이러한 질문은 교육학적 함의 관점에서 볼 때 매우 중요한 질문인데, 만약 의사소통에 방해가 되는 오류 간의 관련성이나 위계를 보여주는 개념 지도를 그릴 수만 있다면 이를 바탕으로 작문 교사가 학생을 지도할 때 어떤 오류 항목을 먼저 또는 뒤에 가르쳐야 하는지에 대한 구체적인 지침을 제공 받게 되기 때문이다. NVivo에서 어떠한 과정을 거쳐 군집 분석을 하였는지 시연을 해 보겠다.

Explore를 클릭

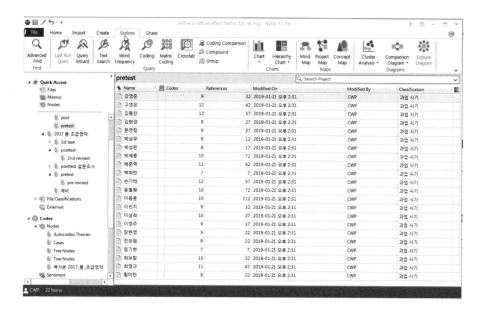

Cluster Analysis 클릭

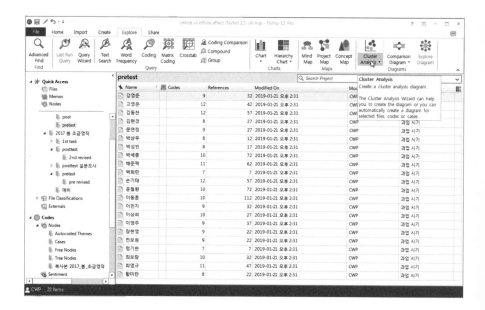

다시 Cluster Analysis를 클릭

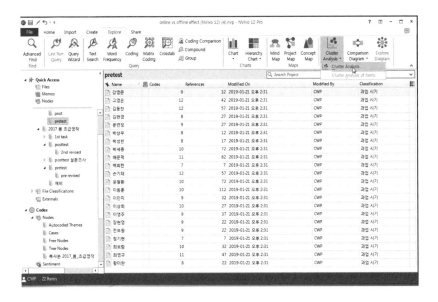

Codes 선택 〉 Next 클릭

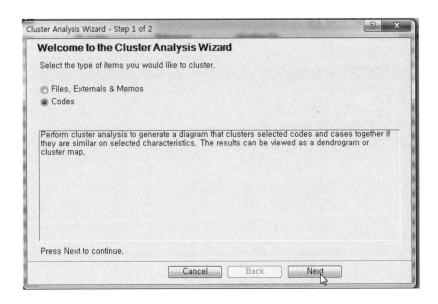

Select를 클릭

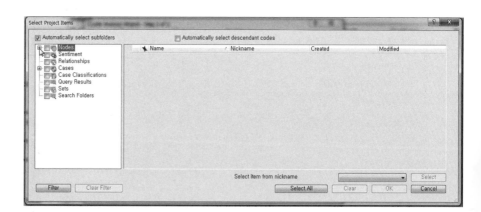

Nodes 좌측의 플러스 표시를 해제

216

Tree Nodes를 클릭

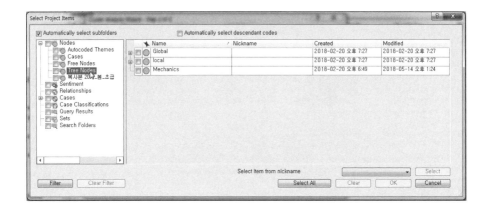

Automatically select descendant codes를 체크 마크

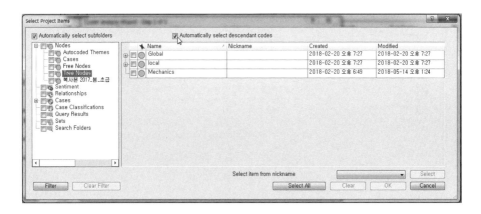

Global 체크 마크

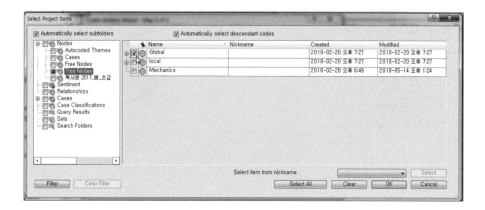

OK를 클릭

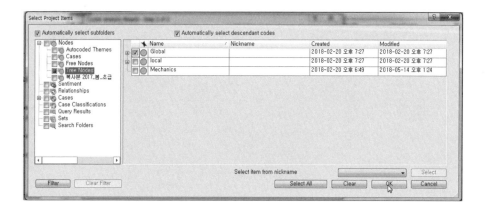

Clustered by에서 Coding similarity를 선택

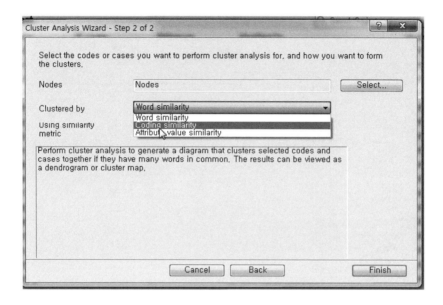

Finish를 클릭

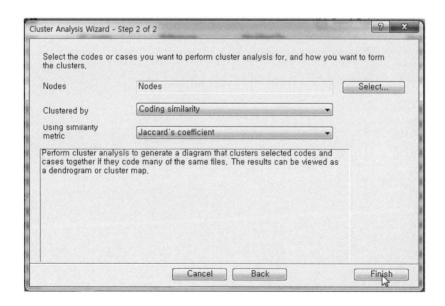

아래와 같이 군집 분석의 결과를 볼 수 있다.

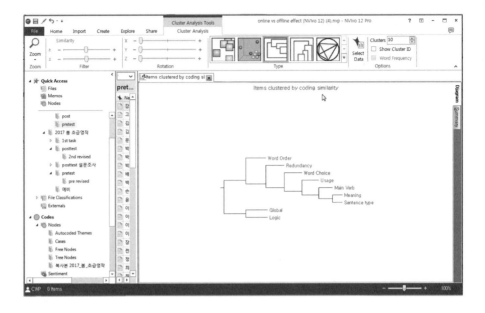

위의 결과에 따르면 Global error 영역에서 학생들의 작문 발달 경로는

Meaning and sentence types 〉 Main verbs 〉 Usage 〉 Word Choice 〉
Redundancy 〉 Word Order 〉 Logic

순이며 이것은 학생들이 작문 교육에서 체감하는 난이도의 순위를 말하며, 작문 교사는 이와 같은 습득 순서에 맞게 체계적으로 학생들을 지도하여야 한다는 것을 시사한다.

제 6 장

나가기

아래의 표는 한 학기 동안 진행된 영작 수업에서 진행한 35가지 활동과 총점을 기록한 것이다.

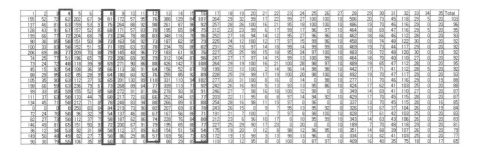

　총 23명의 학생이 참여하였고, 익명성을 보장하기 위해 아무것도 표기하지 않았고 위의 표에서 1 아래부터가 23명의 학생들이 보여준 각 활동의 결과를 기록한 것이다. 위의 표에서 표시한 4, 8, 12, 16번은 학생들이 응시한 네 번의 작문 시험을 말하는데 대부분의 학생들이 양의 방향으로 작문 성적이 향상이 된 것을 알 수 있다. 학생들은 이러한 지적 성장에 대해 어떤 반응을 보일까?

위의 학생들의 예는 아니긴 하나 몇 년 전 작문 시간에 학생들에게 작문 피드백 결과를 나누어 주고 논의를 하고 수업이 끝나고 강의실 복도로 나가는데, 연구자가 학생들에게 준 교정지가 바람에 여기저기 흩날리는 것을 보고 매우 큰 충격을 받았다. 학생들은 작문 교사의 문자교정에 전혀 고마워하지 않는가? 경우에 따라 작문 교사는 문자교정지도를 위해 주말을 헌납하거나 집안의 중요한 모임에 불참을 할 수도 있다. 노련한 교사는 작문을 절대 가르치려 하지 않고, 그런 험한 일은 비 전임이 해야 한다고 목소리를 높이고 뒤로 빠지는 경우도 다반사다. 집에서도, 학교에서도 환영 받지 못하는 문자교정지도를 나는 언제까지 해야만 하는가? 열심히 학생들 문자교정지도를 하면 할수록 바닥으로 치닫는 내 강의 평가 점수는 또 누가 책임져야 하는가? 영작 한 과목이 다른 언어 기능 과목보다 가르치는 사람의 손이 많이 간다는 것은 아무도 부인하지 못할 것이다.

이러한 넋두리 속에 하루하루 지쳐 가다가 연구를 위해서도 문자교정지도에 대한 끈을 놓을 수가 없었고, 좋은 기회로 심도 있는 연구를 한 것에 너무나도 감사하고, 연구자의 많은 배움이 다시 교육 현장으로 환류될 수 있음에 전율을 느낀다. 문자교정지도, 작문 교사라면 반드시 어떠한 경우라도 문자교정지도를 하여야 한다. 그것이 교수자와 학생이 단순하게 한 학기 성적을 주고 받는 거래 행위가 아니라 진정한 의미의 교수와 학생과의 지적 소통을 위해서 어쩌면 문자교정지도는 가장 고전적이면서 가장 효율적인 작문 지도 방법 중에 하나일 수 있다. 단 교수자가 교육 현장에서 발생할 수 있는 가능한 모든 변수에 대해 마음을 열고 학생들을 통해 배우려고 한다면 소통의 기쁨은 배가 될 것이다.

1. simple sentence

simple sentence는 하나의 주어와 동사로 구성된 문장이다. 예를 들면,

I gave her a cake, a letter, and flowers. [001]

...and then we went to home.

주어진 문장의 어색한 부분을 고치면, [002]

주어진 문장에서 home의 품사는? 갔다 동사 수식 부사이다. 따라서 전치사 to가 올 이유가 없다. and then we went home. [003]

I found two students. One was very quite and was not reaction, the other

was an attack against on his classmates. their name were Mi-haw and Jun-suk. I heard, they... 주어진 문장의 어색한 부분을 고치면, [004]

I found the two students. One was very quiet and not responsive, the other was aggressive. Their names were Mi-haw and Jun-suk. I heard, they...

I have a lot of cowardice and... and...I have even height phobia.

주어진 문장의 어색한 부분을 고치면, [005]

I am coward and... and...I have even height phobia.

Maybe.. I will visit to my ancestral graves on the occasion of Ch'usok.

주어진 문장의 어색한 부분을 고치면, [006]

Maybe.. I will visit my ancestral graves on the occasion of Ch'usok.

One is writing, the other one is 'About France culture and art.'

주어진 문장의 어색한 부분을 고치면, [007]

One is writing a paper, and the title of it is 'About France culture and art.'

This weekend was very special. Because, this weekend is Chusok!

주어진 문장의 어색한 부분을 고치면, [008]

This weekend was very special because it is Chusok!

I lived small town. 주어진 문장의 어색한 부분을 고치면, [009]

live는 자동사로 목적어 town을 그대로 불러 올 수는 없고 전치사가 중간에 와야
한다.

I lived in a small town.

I will live quiet small city. 주어진 문장의 어색한 부분을 고치면, [010]

I will live in a quiet small city.

I prefer to live a big city. 주어진 문장의 어색한 부분을 고치면, [011]

I prefer to live in a big city.

If I was sick, I can go hospital quickly.

주어진 문장의 어색한 부분을 고치면, [012]

If I am sick, I can go to hospital quickly.

Seoul is always activity. 주어진 문장의 어색한 부분을 고치면, [013]

Seoul is always active.

Take an instance, 'seoul' is very complexity, and stuffy.

주어진 문장의 어색한 부분을 고치면, [014]

For example, 'Seoul' is very complex and stuffy.

Also traffic is convenience. 주어진 문장의 어색한 부분을 고치면, [015]

주격 보어로 형용사가 와야 할 자리이다.

Also traffic is convenient.

Then our mind can be abundanted.

주어진 문장의 어색한 부분을 고치면, [016]

Then our mind can be abundant.

...there for street is very clear and safety.

주어진 문장의 어색한 부분을 고치면, [017]

...therefore the street is very clean and safe.

2. Compound sentence

Compound sentence는 접속사로 두 개의 문장을 연결하는 경우를 말한다. 예를 들면,

I lived in Kyoung-ju, and I was very happy.

I like to river and mountain, I really enjoy playing there.

주어진 문장의 어색한 부분을 고치면, [001]

I like rivers and mountains, and I really enjoy playing there.

I lived Kyoung-ju, I was very happy.

주어진 문장의 어색한 부분을 고치면, [002]

I lived in Kyoung-Ju, and I was very happy.

Also we want to learn something, it is difficult to find good educational institutes.

주어진 문장의 어색한 부분을 고치면, [003]

주어진 문장의 경우 콤마를 중심으로 두 개의 문장이 나열이 되어 있긴 하나 연결이 되지 않는다. 콤마만 가지고 문장을 연결할 수는 없다. 정리하면,

Also we want to learn something, but it is difficult to find good educational institutes.

Social and economic scale is enormous, many kinds of job we can meet.

주어진 문장의 어색한 부분을 고치면, [004]

Also we want to learn something, but it is difficult to find good educational institutes.

Social and economic scale is enormous, and we can meet many kinds of jobs.

I can walk to the beach, I can hear the waves at night.

주어진 문장의 어색한 부분을 고치면, [005]

I can walk to the beach, and I can hear the waves at night.

Maybe my thought about the question of where to live is traditional. but it doesn't matter whether it is conventional or not. 주어진 문장의 어색한 부분을 고치면, [006]

Maybe my thought about the question of where to live is traditional, but it doesn't matter whether it is conventional or not.

I can go out into the country if I want some peace, it's not far from where I live, 주어진 문장의 어색한 부분을 고치면, [007]

I can go out into the country if I want some peace, and it's not far from where I live.

So we can have many experiences, we can meet many people and learn many things. 주어진 문장의 어색한 부분을 고치면, [009]

So we can have many experiences, and we can meet many people and learn many things.

But I fall into the city life deeply, I think that I will live in Seoul continuously. 주어진 문장의 어색한 부분을 고치면, [010]

But I fall into the city life deeply, and I think that I will live in Seoul continuously.

Also I am going to have a job as a consultant or a fund manager, I need to live in big cities to accomplish my jobs better. 주어진 문장의 어색한 부분을 고치면, [011]

Also I am going to have a job as a consultant or a fund manager, therefore I need to live in big cities to conduct my jobs better.

3. Complex sentence

complex sentence는 종속절을 이끄는 접속사(부사적 의미)와 주어+동사, 주어+동사 형식을 갖춘 문장을 말한다. 아래의 문장에서 어색한 부분을 바로 잡으면?

Larger city is convenient than small city to adapting in modern society which change rapidly. Because the speed of change and appearance that alter are felt just as it is. [001]

접+주+동, 주+동사의 모양으로 바꾸면,

Because the speed of change and appearance that alter are felt just as it is, a larger city is convenient than a small city to adapt in the modern society which change rapidly. 내용상으로는 여전히 어색하긴 하지만, complex sentence의 모양은 갖추었군요. [002]

Because of I enjoyed shopping very much, I like big city and life in a big city. 어색한 부분을 바로 잡으면? [003]

because 다음에는 주어+동사, because of 다음에는 구가 나와야 합니다.

Because I enjoy shopping very much, I like a big city than a small one. [004]

I'll choose small country because, I want fresh air and clean enviroment. 어색한 부분을 바로 잡으면? [004]

콤마의 위치가 잘못되었군요. 정리하면,

I'll choose a small country because I want fresh air and clean environment.

The questions is very difficult. because I lived two places.

어색한 부분을 바로 잡으면? [005]

complex sentence에서 종속절이 뒤로 갈 경우에 콤마를 사용하지 않아도 무방하다.

The questions are very difficult because I lived in two places before.

Whenever I can learn anything what I want.

어색한 부분을 바로 잡으면? [006]

주어진 문장에서 주어가 없군요. 정리하면,

Whenever I can, I can learn anything that I want.

I choose to live in a small town. Because, i was born 'ghun san(군산)'.

어색한 부분을 바로 잡으면? [007]

complex sentence의 구조로 정리하면,

I choose to live in a small town because, I was born in 'Ghun San(군산)'.

I prefer to live in a big city, because these reasons.

어색한 부분을 바로 잡으면? [008]

I prefer to live in a big city because of these reasons.

I was so boring and some tired. Even though I didn't do anything.

어색한 부분을 바로 잡으면? [009]

Even though I didn't do anything, I was very bored and somewhat tired.

But I was 10, our family move to big city, Seoul.

어색한 부분을 바로 잡으면? [010]

But, when I was ten, our family moved to a big city, Seoul.

I only don't want to live now. Because I am a young person.

어색한 부분을 바로 잡으면? [011]

I only don't want to live in a country now because I am a young person.

Someday, my age is about 50, I would like to live a life in country,

어색한 부분을 바로 잡으면? [012]

Someday, when my age is about 50, I would like to live in a country.

There are all of industry in a big city. Because it is easy to get a job to a person who live in a big city.

어색한 부분을 바로 잡으면? [013]

complex sentence로 만들기보다는 형용사 절로 유도하는 것이 문맥상 자연스러워 보인다.

There are all kinds of industry in a big city where one can easily get a job.

But the city is polluting, because of many people, factories, buildings.

어색한 부분을 바로 잡으면? [014]

But the city is polluted because of many people, factories, and buildings.

But students of city don't need that. Because of most students are near school from their home.

어색한 부분을 바로 잡으면? [015]

But the students of a city don't need that because most students live near school from their home.

That way, in future, the big city will be confuse. Because of many people.

어색한 부분을 바로 잡으면? [016]

That way, in the future, a big city will be confused because of many people.

It was my dream, when I was child.

어색한 부분을 바로 잡으면? [017]

접속사+주어+동사, 주어+동사=주어+동사 접속사+주어+동사이다.

It was my dream when I was a child.

In a small town don't have enough company to work.

어색한 부분을 바로 잡으면? [018]

주어진 문장에는 주어가 없군요. 다시 정리하면,

In a small town, it might be hard for people to get jobs.

I want to live in a big city. Because a big city is very convenient.

어색한 부분을 바로 잡으면? [019]

I want to live in a big city because it is very convenient.

I want to buy clothes, I go to the shopping mall

어색한 부분을 바로 잡으면? [020]

I want to buy clothes, so I go to the shopping mall.

But if I don't have money, just seeing to the show window.

어색한 부분을 바로 잡으면? [021]

주절에서 주어+동사의 형식을 만들어 주어야 한다.

But if I don't have money, I just go window shopping.

I prefer to live a big city. Because big city has many benefits.

어색한 부분을 바로 잡으면? [022]

I prefer to live in a big city because it offers many benefits.

Everywhere you want to go, you will go there.

어색한 부분을 바로 잡으면? [023]

구조는 좋으나 어휘 선택이 적절하지 못한 경우이다.

Everywhere you want to go, you will go there.

어색한 부분을 바로 잡으면? [024]

Everytime when you want to visit some place, you can go there.

For an instance, a few years ago Michael Jackson came to Korea, he could have a concert in Seoul.

어색한 부분을 바로 잡으면? [025]

232

For instance, a few years ago when Michael Jackson came to Korea, he could have had a concert in Seoul.

My family had house-moving many times. Because my father was a professional soldier. 어색한 부분을 바로 잡으면? [026]

My family had house-moving many times. Because my father was a professional soldier.
Because traffic system was convenient and I enjoyed leisure with ease.
어색한 부분을 바로 잡으면? [027]

Because the traffic system was convenient, I enjoyed my leisure time with ease.
However I prefer to live small town than to live big city. Because big city is crowded with many people and cars.
어색한 부분을 바로 잡으면? [028]

However I prefer to live in a small town than in a big city because a big city is crowded with many people and cars.
But I would like to live in a small town which is clean and calm. Because I want to enjoy my life in peaceful and comfortable place. 어색한 부분을 바로 잡으면? [029]

But I would like to live in a small town which is clean and calm. From there I could enjoy peaceful and comfortable life.
If I would want to go to small town, when I become old woman.
어색한 부분을 바로 잡으면? [030]

When I become an old woman, I would like to live in a small town.

I will choose big city. Because I need more experience and I want to go to the world.

어색한 부분을 바로 잡으면? [031]

I will choose a big city because I need more experience and I want to go to the world.

Because of I enjoyed shopping very much, I like big city and life in a big city.

어색한 부분을 바로 잡으면? [032]

Because I enjoyed shopping very much, I like living in a big city.

Though I live in a big city now, But I will live in a small town certainly.

어색한 부분을 바로 잡으면? [033]

Though I live in a big city now, I will live in a small town certainly.

Theae days, globalization priod, we must receive information promptly.

어색한 부분을 바로 잡으면? [034]

These days, at the age of globalization, we must receive information promptly.

Now, but I prefer to live in a big city. Because I need more experience.

어색한 부분을 바로 잡으면? [035]

Now, but I prefer to live in a big city because I need more experience.

Sangdang-dong is a good location. Because there're two kind of subway lines(4 and 7 line) and shopping malls.

어색한 부분을 바로 잡으면? [036]

Sangdang-Dong is a good location because there're two kinds of subway lines(4 and 7 line) and shopping malls.

If I lived in a small town, I would have to wait buses for a long time. because there isn't subways. 어색한 부분을 바로 잡으면? [037]

If I lived in a small town, I would have to wait buses for a long time because there are not many subways.

Because I like to meet many people and activity in the city is very variety, dynamic, energetic. 어색한 부분을 바로 잡으면? [038]

Because I like to meet many people and participate in the activities in the city, living there is very variety, dynamic, and energetic.

Big cities we can find and try new, exciting, and enthusiastic things.

어색한 부분을 바로 잡으면? [039]

From big cities, we can find and try new, exciting, and enthusiastic things.

Third, we can have many times of meditation in a small town. Because, our mind to be calm and peaceful in there.

어색한 부분을 바로 잡으면? [040]

Third, we can have many times of meditation in a small town because our mind becomes calm and peaceful.

So When I want to buy beautiful and impress favorably clothes, I have to go to a big city.

어색한 부분을 바로 잡으면? [041]

So, if I want to buy beautiful and favorite clothes, I will go to a big city.

Because I was born and I have lived in a big city, so I am familiar that.

어색한 부분을 바로 잡으면? [042]

complex sentence의 접속사는 문장의 도입 부분에 나오며 콤마 다음에 나오지는 않는다.

Because I was born and have lived in a big city, I am familiar with that.

I prefer convenient better than fresh air, because of my lazyness.

어색한 부분을 바로 잡으면? [043]

I prefer convenient life to fresh air because of my laziness.

And I love that! 'Cause I love to go window shopping.

어색한 부분을 바로 잡으면? [044]

And I love that because I love to go window shopping.

I preferred a big city, Seoul, especially. Because a big city is the center of education, businesses, economies, traffics, industries, etc.

어색한 부분을 바로 잡으면? [045]

I preferred a big city, Seoul, especially because a big city is the center of education, businesses, economies, traffics, and industries.

However, still many people would prefer to live in a smaller town or in rural areas. Because these places are very restful.

어색한 부분을 바로 잡으면? [046]

However, still many people would prefer to live in a smaller town or in rural areas because these places are very restful.

Although Seoul as a big city has those problems. I want to live in the big city rather than small town. 어색한 부분을 바로 잡으면? [047]

Although Seoul as a big city has those problems, I want to live in the big city rather than the small town.

Although my present house has not a garden, but someday I want to have a garden with many trees and flowers. 어색한 부분을 바로 잡으면? [048]

집을 주어로 설정하고 정원이 있다 또는 없다고 하는 것이 어색합니다. 바꾸면

Although there is no garden in my house, someday I want to have a garden with many trees and flowers. [049]

But I will choose a big city shortly. Because I prefer living in a big city that makes me comfortable. 어색한 부분을 바로 잡으면? [050]

But I will choose a big city shortly because I prefer living in a big city that makes me comfortable.

When I was told he wants to live a small town, I'm afraid it's not available yet. Because my mother prefer living a big city.
어색한 부분을 바로 잡으면? [051]

When I was told he wants to live in a small town, I was afraid it was not available yet because my mother prefer living in a big city.

I will say I'd like to live in the city. Because I can have a cultural life and live conveniently in the city. 어색한 부분을 바로 잡으면? [052]

I will say I'd like to live in a city because I can have a cultural life and live conveniently in it.

Second, it has many opportunities to get a job. Because in a big city, much more employees are demanded than a small town.

어색한 부분을 바로 잡으면? [053]

Second, it has many opportunities in getting a job because in a big city, many more employees are demanded than in a small town.

But I'd like to say one condition that the town shouldn't be too far from a city.

Because I like going to cinema and clubs with my friends some times.

어색한 부분을 바로 잡으면? [054]

But I'd like to say one condition that the town shouldn't be too far from a city because I like going to cinema and clubs with my friends some times.

A big city also makes me feel active and energetic. Because a big city

어색한 부분을 바로 잡으면? [055]

A big city also makes me feel active and energetic because it is big.

The air is dirty, some trees are dying.

어색한 부분을 바로 잡으면? [056]

Because the air is dirty, some people are dying.

4. Incomplete sentences (불완전한 문장)

As I have an image that living in a small town is much in reserve and peaceful, However to live in big city is polished, busy and speedy.

주어진 문장을 살펴보면 하나의 주어와 동사로 연결되는 부분을 찾을 수가 없다. [001]

콤마 앞의 문장의 시작이 접+주+동, 콤마 뒤는 주어+동사가 예상이 되나 다시 접+주+동이 나와 문장을 이상하게 만들고 있다. 접+주+동, 주+동의 문장으로 만들면,

I have an image that living in a small town is much reserved and peaceful, whereas living in a big city is polished, busy, and speedy. [002]

First, many place that can play in a big city.

어색한 부분을 바로 잡으면? [003]

First, there are many places where one can play in a big city.

performances that can not contact in small city.

어색한 부분을 바로 잡으면? [004]

One can see performances that can not be viewed from a small city.

Because they think that a large city is more convenient than that.

어색한 부분을 바로 잡으면? [005]

접+주+동만으로는 완전한 문장이 될 수 없습니다.

They think that a large city is more convenient than a small one.

Because of many people, factory, building.

어색한 부분을 바로 잡으면? [006]

접+주+동만으로는 완전한 문장이 될 수 없습니다. 주어진 문장의 앞이나 뒤에 적절한 주+동이 와야 합니다.

Because of many people, factories and buildings are located in a city. I think, because of survival.

어색한 부분을 바로 잡으면? [007]

I thought about the survival.

Because small town has many advantage than big city.

어색한 부분을 바로 잡으면? [008]

A small town has many advantages than a big city has.

Even though I get married.

어색한 부분을 바로 잡으면? [009]

I get married. but because merits of a metropolis fascinate me.

어색한 부분을 바로 잡으면? [010]

The merits of a metropolis fascinate me.

Many subway lines, buses and trains.

어색한 부분을 바로 잡으면? [011]

There are many subway lines, buses, and trains.

Because her town doesn't have any theaters.

어색한 부분을 바로 잡으면? [012]

Her town doesn't have any theaters.

Many cars, subways, buses and so on.

어색한 부분을 바로 잡으면? [013]

There are many cars, subways, buses and so on.

For example, if I live in a small town.

어색한 부분을 바로 잡으면? [014]

I live in a small town.

And if emergency situation occurs in my family.

어색한 부분을 바로 잡으면? [015]

Emergency situation might occur in my family.

Secondly the convenience of living. such as shopping, going to movies or concerts.

어색한 부분을 바로 잡으면? [016]

Secondly, there are the convenience of living, such as shopping, going to the movies or concerts.

Which have automatic capacity. 어색한 부분을 바로 잡으면? [017]

관계대명사는 선행사인 명사나 대명사를 수식하며 단독으로 나와 독립된 문장을 만들지는 못한다. 정리하면,

It has automatic capacity.

Because there are so many people lives in a big city.

어색한 부분을 바로 잡으면? [018]

So many people live in a big city.

Because there are merits and demerits both a big city and a small town, each and all.

어색한 부분을 바로 잡으면? [019]

There are merits and demerits of living in a big city and a small town.

Because there were many workshops, transportations, buildings, ultra-modern fashion, and scientific technique in a big city.

어색한 부분을 바로 잡으면? [020]

There were many workshops, transportations, buildings, ultra-modern fashion, and scientifically equipped facilities in a big city.

Because people always want to have clean air and have the desire to enjoy nature.

어색한 부분을 바로 잡으면? [021]

People always want to have clean air and have the desire to enjoy nature.

In addition, people who live in the big city.

어색한 부분을 바로 잡으면? [022]

주절에서 주어 people만 있고 동사가 없는 경우입니다. 이런 경우 대도시에 사는 사람들이 어떠한지 동사를 넣어서 말을 만들어 주어야 합니다.

People always want to have clean air and have the desire to enjoy nature. In addition, people who live in the big city tend to prefer living in a countryside.

because big city can provide them with useful things to live in a modern society.

어색한 부분을 바로 잡으면? [023]

Because a big city can provide them with useful things to live in, people prefer to live in a modern society.

A calm and comfortable surrounding for the old, spacious ground and good educational environment for a parent having children.

어색한 부분을 바로 잡으면? [024]

마찬가지로 하나의 주어와 동사가 없는 불완전한 문장이군요.

There are several advantages that we could think of: For example,

A calm and comfortable surrounding for the old, spacious ground and good educational environment for a parent to have children. [025]

It is a real love and it is the final love in my life, too many sweet and bitter for this love.

어색한 부분을 바로 잡으면? [026]

It is a real love, and it is the final love in my life. To keep one's love, there are so many things you need to pay. [027]

5. 문장의 종류 종합 연습

1. Baleen whales are the largest animals on earth, yet they feed on some of the smallest animals in the ocean.

문장의 종류는? [001]

문장을 보면 제일 먼저 할 일은? 동사를 찾아야 합니다. 주어진 문장에서 동사는? are와 feed. 그런데 콤마로 두 문장이 연결 되어 있군요. 따라서 콤마 앞에 whales가 주어, are가 동사. 콤마 다음에 접속사 yet, 그리고 주어 they, are 동사로 연결되어 있군요. 주어 +동사, 접속사 주어 + 동사 -compound sentence입니다. [002]

There are 12 baleen whale species divided into 4 families: right, pygmy right, gray and rorqual whales.

문장의 종류는? [003]

There는 유도 부사로 주어가 될 수 없습니다. 그렇다면 be 동사 다음에 나오는 명사가 주어진 문장의 주어인데 그 명사는? whale이지요. be 동사가 앞에 나와 있는데 divided가 whale 앞에 있네요. 품사는? [004]

동사요? be 동사가 정동사로 앞에 나와 있고요, 한 문장 안에 단문의 경우 반드시 하나의 정동사밖에 나올 수 없다고 했습니다. 그렇다면 divided의 품사는 무엇일까요? 명사 species를 수식하는 형용사 역할을 합니다. 주어진 문장의 구조는 주어 + 동사로 끝나는 simple sentence 입니다. [005]

Right whales were called the 'right' whales to catch by early hunters because they are large, swim slowly, have long baleen plates, contain lots of oil, and float when killed. 문장의 종류는? [006]

주어진 문장의 정동사는? were called라고 하는 수동태 구문. 그렇다면 are, have, contain, and float는? because라고 하는 이유를 나타내는 종속 접속사 안에 있는 동사로 정동사로 인정하지 않습니다. 따라서 주어 + 동사 접속사 주어 + 동사로 complex sentence 입니다. [007]

일반적으로 complex sentence의 형태는 접속사+주어+동사, 주어+동사이나 종속절이 뒤로 가면 콤마를 사용하지 않은 주어+동사 접속사+주어+동사로 바뀐다는 것 이제는 알죠?

Right whales do not have dorsal fins or throat grooves.
문장의 종류는? [008]

주어진 문장의 정동사는 have입니다. 자신 있게 말할 수 있는 이유는 앞에 조동사 do가 있기 때문입니다. 조동사 다음에 원형 동사가 오는데 이런 경우 대부분 정동사가 됩니다. 따라서 주어진 문장은 주어 + 동사 + 목적어의 simple sentence입니다.

The taxonomy of this family is rather confusing, but currently there are three species of right whales: the Northern right whale, Southern right whale and bowhead whale. 콤마가 있네요. 긴장합니다. 앞뒤를 살펴볼까요? 콤마 앞은 정동사 is, 콤마 뒤는 are가 있고 콤마 다음에 접속사가 있습니다. 그렇습니다. 주어+동사, 접속사 주어+동사의 compound sentence입니다. [009]

The pygmy right is in a separate family although it shares simiarly characteristics to right whales.

문장의 종류는? [010]

주어진 문장의 정동사는? is. in a separate family는? 그 유명한 전명구네요. 전명구는 문장에서 두 가지 역할, 형용사 또는 부사. 주어진 문장에서는 있다 동사 수식 부사. 그 다음을 보니 반가운 단어가 있네요. 어떤 의미의 접속사? 양보를 나타내는 부사 적인 의미를 가지는 접속사. [011]

그렇다면 주어 it와 동사 share가 나오는 것은 당연한 일!!! 정리합니다. 주어 + 동사 + 접속사 + 주어 + 동사의 complex sentence입니다.

Gray whales have their own taxonomic family, genus, and species.

문장의 종류는? [012]

정동사have. 주어+동사+목적어의 simple sentence이다.

They are the most coastal of the baleen whales and are often found within a few miles of shore.

문장의 종류는? [013]

주어진 문장에서 동사가 될 만한 것을 모두 모으면? are 그리고 are. 아아 be 동사 슬피 우니 비가 오려나? 음음음... 두 번째 are 앞에 콤마가 있나요? 없네요. 주어가 같기 때문에 생략을 하였다는 의미. 그렇다면, 주어진 문장의 구조는? 주어 + 동사 + 주격 보어 + 동사. 문장의 종류는? [014]

그렇다면 within a few miles of shores는 아무짝에도 쓸모없는 물건입니다. 왜냐 구요? 전명구이니까요. 부사 역할을 합니다. 두개의 동사를 접속사가 연결하기 때문에, 콤마가 없는 것으로 보아 simple sentence입니다. [015]

Each year gray whales migrate between their summer feeding grounds in the Bering, Chukchi, and Beaufort Seas to their winter breeding grounds off Baja California, Mexico.
문장의 종류는? [016]

밀려오는 절망감입니까? 아니면 감동입니까? 먼저, 주어진 문장의 정동사는? migrate. between부터 Mexico까지의 정체는? between의 품사는? 전치사. 아하, 그 유명한 전명 구. 쓸데없는 물건. 그렇다면, 문장의 구조는? 주어 + 동사의 simple sentence입니다. [017]

This is one of the longest migrations by a mammal species.
문장의 종류는? [018]
one of 다음에 복수 명사 아시죠? 주어진 문장의 정동사는? is. 주어 + 동사 + 주격 보어의 simple sentence입니다.

Gray whales are gray in color and their skin is encrusted with barnacles and a unique species of small crustaceans known as 'whale lice.'
문장의 종류는? [019]

주어진 문장의 정동사는 are와 is입니다. 두 개의 동사가 접속사 and로 연결되면서 주어는 whales와 skin으로 서로 다르군요. 그렇다면 with barnacles and a unique species of small crustaceans known as 'whale lice의 정체는? with가 전치사. 따라서 전명구. 아무짝에도 쓸데없고요, 무시합니다. [020]

접속사를 중심으로 앞의 문장은 능동태, 뒤의 문장은 수동태 구문을 이루고 있군요. 위의 문장에서 전명구는 동사 수식 부사, with barnacles and a unique species, species 명사를 수식하는 형용사 of small crustaceans가 있네요. as 'whale lice.'의 as는 자격이나 신분을 나타냅니다. [021]

They have 2-3 short throat grooves and instead of a dorsal fin they have a low Dorsa hump followed by 6-12 'knuckles' or bumps.
문장의 종류는? [022]

정동사는? have와 have. 접속사 and 앞에 콤마가 있는 경우는 주어가 다른 경우. 주어가 같으면, 콤마 없어도 됨. 위의 접속사를 중심으로 나누어진 두 문장의 주어는 같은가요, 아니면 다른가요? 같기는 하나 생략을 하지는 않았군요. [023]

그렇다면, 주어 + 동사 + 목적어 + 주어 + 동사 + 목적어의 구조. 비록 콤마는 없으나 두 개의 주어이기 때문에 compound sentence로 보아도 좋습니다. 콤마가 없이 compound sentence를 만드는 경우를 많이 볼 수 있는데, 이것은 분명 잘못된 것이며 여러분은 절대 따라 하지 마세요. [024]

Whalers used to call gray whales 'devil fish' because of their aggressive response to being hunted.
문장의 종류는? [025]

주어진 문장의 정동사는? call. because of 이하는 절인가요, 아니면 구인가요? 주어 + 동사가 있는지 없는지만 보면 되지요? 구입니다. 그것도 종속 구. 그런데 because 앞에 콤마가 있나요? 없지요? 왜냐 구요? 종속 어, 구, 절이 주절 뒤로 가면 콤마를 사용하지 않습니다. 주어진 문장은 주어+동사+목적어+목적격 보어+종속 구의 complex sentence입니다. [026]

Rorqual whales are relatively streamlined in appearance and have pointed heads and small pointed fins.

문장의 종류는? [027]

주어진 문장의 정동사는 are와 have입니다. 그런데 주어가 같기 때문에 생략되었고 두 개의 동사를 접속사가 연결하는 형태이므로 주어 + 동사 + 주격 보어+접속사+동사+ 목적어로 simple sentence로 보아야 합니다. [028]

They can be distinguished from other whales by many (25-90) deep groves along their throats that expand when they feed.

문장의 종류는? [029]

주어진 문장의 정동사는? can be distinguished. 주어진 문장에서 전명구는? from other whales, by many (25-90) deep groves, along their throats. 아무짝에도 쓸모없는 물건들을 한정, 제한, 수식하는 that expand when they feed는 더 아무짝에도 쓸모가 없겠군요. 따라서 주어진 문장을 정리하면, 주어 +동사의 simple sentence로 보면 됩니다. [030]

There are 8 species of rorqual whales: the humpback whale, fin whale, Bryde's whale, blue whale, northern minke, antarctic minke, Eden's ('small-type') whale.

문장의 종류는? [031]

또 there가 나왔군요. 품사는? 부사. 부사는 주어가 될 수 없습니다. 주어가 될 수 있는 것은 명사와 대명사. there 구문이 나올 경우 주어는 be 동사 다음에 나오는 명사. 주어진 문장에서 정동사는 are, 주어는 whales. 원래의 문장, 즉 정치로 바꾸면, 8 species of rorqual whales are there. 문장의 구조는 주어 + 동사. 즉, simple sentence입니다. [032]

Baleen whales are some of the largest animals on earth.
문장의 종류는? [033]

주어진 문장의 정동사는? are. 주어는 whales. some = baleen whales. 즉, 주어에 대한 보충 설명? 주격 보어. simple sentence 입니다.

Characteristic baleen plates and paired blowholes help distinguish baleen whales from toothed whales. 문장의 종류는? [034]

주어진 문장의 정동사는? help distinguish. 무엇인가 이상하지 않아요? 한 문장 안에 반드시 하나의 정동사만 올 수 있다고 하였는데. 위의 문장을 올바르게 고친다면,

Characteristic baleen plates and paired blowholes help to distinguish baleen whales from toothed whales. 문장의 종류는? [035]

달라진 부분은 요? distinguish 앞에 to를 삽입하였네요. 이것이 소위 말하는 못 다 핀 동사인데요, 주어진 문장은 주어+동사+목적어로 simple sentence입니다.

All cetaceans have a long, strong diaphragm which allows them to rapidly exhale as they surface and quickly inhale before submerging. 문장의 종류는? [036]

관계대명사 which 이하는 결국 선행사인 명사 diaphragm의 부연 설명이기 때문에 무시하기로 하고, 정동사를 찾는다면? have. 주어진 문장은 주어+ 동사 + 목적어의 simple sentence이다. 문장의 종류는? [037]

The phrase 'Thar she blows!' was coined by whale hunters who spotted the column of vapor as the whales exhaled.
문장의 종류는? [038]

The phrase와 'Thar she blows!'는 동격으로 주어 역할을 하며, 정동사는 was coined. 수동태 구문이다. by이하는 말하지 않아도 알죠? 전명구. 관계대명사의 선행사인 명사 hunters를 관계대명사가 수식하고 있고, 그 선행사가 전명구의 한 부분이므로 그리 중요한 사항은 아니라고 생각됩니다. [039]

퀴즈 2. 수 일치 준비 자료

수 일치란 주어와 정동사의 수 일치, 명사 특히 가산 명사의 수 일치, 그리고 시제 일치를 말한다. 예를 들면,

She think about every matters very carefully.

주어진 문장에서 주어가 단수이므로 단수 동사가 와야 하나, think라는 복수 동사가 왔기 때문에 주어와 동사의 수 일치가 되고 있지 않다. 정리하면,

She thinks about every matter very carefully.

아래의 문제를 풀고 답을 확인해 보기 바란다.

I. 주어와 정동사의 수 일치

1. She want to be a middle school teacher.

2. Two of them is my old friend.

3. I don't think so because a teacher are a guide to students' lives.

4. The student get tired of rivalry of other friends.

5. But anyone ask me a question,

6. So he always take part in team meeting once in a week.

7. The meaning of mountain wizard is a person who keep his(or her) mountains.

8. I want to know why you doesn't receive my call.

9. And you doesn't read my letter.

10. It drive me crazy.

11. She have a job now.

12. She usually go to the movies once or twice a week.

13. She is a Christian and go to church on Sunday.

14. And she always take moderate exercise everyday.

15. My hobbies is listening to the music and watching movies.

16. It sell sandwiches.

17. She always bring smile on my face.

18. Their name is Son Somi, Park Heehyun, and Kim Seunghee.

19. Heehyun major in Literature Production.

20. But I thanks to her because she has waited for me until my discharge from the military service.

21. There were many people, who came from the other university, so the place was crowded.

22. She laugh easily at the minor things.

23. She is a bit of a tomboy and enjoy talking with her friends.

24. Her hobby are writing a letter and going to the movies.

25. I think it put me in a good mood.

26. My teacher, Erica and Paul, give a lot of homework to me.

27. What he and I want to do are different.

28. My family have to always eat meal together.

29. When he get drunk, he tell joke very well.

30. I have no boyfriend who give me some candies.

31. I hope that we will become good e-mail friend.

32. Lots of school work has keep me busy.

33. She teach Koran in an academy.

34. If someone ask me like that, I have full assurance that she is my older sister.

35. She major in art.

36. The long hour of study and homeworks bothers me.

37. That is best friends.

38. Koamegi taste more good in cold weather.

39. And there is soccer team, sea and so on.

40. During meet friends, I think also my friends is very nice.

41. But I believe that my parter understand me.

42. She always enjoy chatting with people.

43. My parents lives in Inchon,

44. I think U-Ri approach everything in a little rash.

45. Someone ask me..

46. You looks so good!!

47. You looks pretty pig⌒⌒hoho

48. He resemble Ricolas cage.

49. You don't seems to be 30 years old.

50. However, I thanks to God about my life. ⌒⌒

51. So, we seems familiar with her from now.

52. When I am angry or sad, my sister give a happiness.

53. My mother always clean my house and wash our family laundry.

54. Every morning, she water a plant.

55. Therefore, he get angry.⌃⌃

56. He sit in front of the window seat.

57. Then, my father and many peoples that supported him was congratulating him on his success.

58. It was a bit of disappointment not only to my father, but also many people whom he knew.

59. So my father, our family, and many people that have known him will be say....

60. I think one of the most important and hardest job in the world is taking care of children.

61. But she always say oh! Kyuhan have a friend!!!

62. She always scare when her old sister go out for work.

63. Also, warm of spring make me restless.

64. Hot sunlight and the green trees, cool seashore etc.. is very good.

65. This is my precious memories. two hundreds WON!

66. We lives in In-Cheon.

67. Our family live in an apartment at In-Cheon.

68. She likes to meet her friends and go to the movies during the weekend.

정답

1. She wants to be a middle school teacher.

2. Two of them are my old friends.

3. I don't think so because a teacher is a guide to the students' lives.

4. The students get tired of the rivalry of other friends.

5. But anyone asks me a question,

6. So he always takes part in team meeting once a week.

7. The meaning of mountain wizard is a person who keeps his(or her) mountains.

8. I want to know why you did not receive my call.

9. And you did not read my letter.

10. It drives me crazy.

11. She has a job now.

12. She usually goes to the movies once or twice a week.

13. She is a Christian and goes to church on Sunday.

14. And she always takes moderate exercise everyday.

15. My hobbies are listening to the music and watching movies.

16. They sell sandwiches.

17. She always brings smile on my face.

18. Their names are Son Somi, Park Heehyun, and Kim Seunghee.

19. Heehyun majors in Literature Production.

20. But I thank her because she has waited for me until my discharge from the military service.

21. There were many people, who came from the other universities, so the place was crowded.

22. She laughs easily at the minor things.

23. She is a bit of a tomboy and enjoys talking with her friends.

24. Her hobbies are writing a letter and going to the movies.

25. I think it puts me in a good mood.

26. My teachers, Erica and Paul, give a lot of homework to me.

27. What he and I want to do is different.

28. My family always has to eat meals together.

29. When he gets drunk, he tells the joke very well.

30. I have no boyfriend who gives me some candies.

31. I hope that we will become good e-mail friends.

32. Lots of school work have kept me busy.

33. She teaches Korean in an academy.

34. If someone asks me like that, I have full assurance that she is my older sister.

35. She majors in art.

36. The long hour of study and homework bother me.

37. We are the best friends.

38. Koamegi tastes better in cold weather.

39. And there are the soccer team, the sea, and so on.

40. Meeting friends, I think my friends are very nice.

41. But I believe that my parter understands me.

42. She always enjoys chatting with people.

43. My parents live in Inchon,

44. I think U-Ri approaches everything in a little rash.

45. Someone asks me..

46. You look so good!!

47. You are a pretty pig^^hoho

48. He resembles Nicolas Cage.

49. You don't seem to be 30 years old.

50. However, I thank God about my life. ^^

51. So, we seem familiar with her from now.

52. When I am angry or sad, my sister gives me a happiness.

53. My mother always cleans my house and does our family laundry.

54. Every morning, she waters a plant.

55. Therefore, he gets angry. ^^

56. He sat in front of the window seat.

57. Then, many people that supported my father were congratulating him on his success.

58. It was a bit of disappointment not only to my father, but also to many people of whom he had known.

59. So my father, our family, and many people that have known him will say....

60. I think one of the most important and the hardest jobs in the world is taking care of children.

61. But she always says oh! Kyuhan has a friend!!!

62. She is always scared when her older sister goes out to work.

63. Also, warm spring makes me restless.

64. Hot sunlight, the green trees, cool seashore, and etc.. are very good.

65. This is my precious memory. Two hundred wons!

66. We live in In-Cheon.

67. Our family lives in an apartment in In-Cheon.

68. She likes to meet her friends and go to the movies during the weekends.

2. 명사 특히 가산 명사의 수 일치

아래의 문제를 풀어보고 답을 확인 하시오.

1. I think I am lazy girl`^^;`

2. Both you and your brother are Cheonan University student?

3. Fortunately, her hair style were pretty.

4. Although my English is unskillful, thank you for reading my e-mail.

5. Specially, I want to translate movie or books.

6. I think that you spend good time.

7. I worked for part time job recently.

8. It's so difficult to teach child.

9. Sometimes, I think that it is good to exchange mail in English.

10. My baby was born in faithful family.

11. I became Chong Shin graduate student.

12. I can say that I have three answer.

13. To begin with, if I am an English composition teacher, I will have a three purpose.

14. They may get more thing afterwards,

15. My father is 49 years old in this year, and is architect.

16. For that reasons, I will introduce myself today.

17. It is not my story, but I hope to be great person.

18. Like big fire.

19. So Go-hung is perfect place for the view of blue water.

20. I like all game that I can.

21. We watched TV and ate slice of raw fish and had a drink.

22. We wanted to be good friend.

23. It's clean city^^

24. I went to movie with my friends again.

25. I am so so so so so very very very very sorry to send late mail to you .

26. The doctor poked a needle in my knee for four time.

27. I have friend living in Gang-nan in Seoul,

28. Generally peoples say that nothing is the end of studying.

29. People generally say that an woman should be beautiful and slim.

30. There is no other ways for it.

31. Mother is house keeper.

32. Older brother is Chonan university student.

33. I don't' have money and time because I lost thirty pieces of bus ticket last week.

34. It was very terrible accident.

35. But I haven't seen movie lately.

36. It's big problem.

37. Jogging is very good exercise.

38. I have much examinations next week.

39. She is pretty girl.

40. It gets warm these day.

41. I am catching cold.

42. I had many homework.

43. I should go to English academy.

44. I did part-time job today.

45. Do you like rain day?

46. If there is recollection which remains in memory among them, it may be travel with friends during high school day.

47. I want to be a English teacher

48. My father works at company, and mother is just a housekeeper.

49. Also, I hope to have great time.

50. It was great movie.

51. We were in the same class two time by chance.

52. My sister major in Nursing Science.

53. It is very exciting to exchange E-mail with person whom I don't know.

54. Today is white day.

55. I have boyfriend whom I met two years ago.

56. I look for candy.

57. I believe that we are going to became good E-mail friend.

58. Frankly speaking, my boyfriend broke his promise, so I got angry.

59. We bought nine flower.

60. Do you like flower?

61. She become 22 years old.

62. We talked about many thing.

63. Moreover I must write my diary because Patrick give me homework.

64. We had good time^^

65. Do you have person who give you candy?

66. And Kim Sun is very thoughtful friend.

67. At last, I have boyfriend who is 25 years old.

68. It was good experience to me.

69. I will be teacher of English.

70. I hope you prepare well for the test and get a good result.

71. We are good friend.

72. I have much examination this week

73. Does the weather sizzle these day?

74. It's nice weekend, isn't it?

75. We are friend until our death.

76. Because my mail level is not as high as you, I worry my mail exchange.

77. I have nothing-purse, bag, and a book.

78. For these reason, my lecture time is very hard.

79. But I feel that Yo-Su is precious city because there is my happy recollection.

80. I believe it was very romantic and happy moment.

81. My only pride is writng letter well...^^

82. My favorite musician is Radiohead, English rock band..

83. But I was a little busy because there were many homeworks.

84. I was also embarrassed today when I faced confusing quiz.

85. It's pleasant midnight..!!

86. Today is election day that we elect congressman.

87. So I thought very deeply about electing good man.

88. Recently I was very busy for my homeworks.

89. And then we played many board game in a board game-room.

90. Her job is house keeper and the president of Po-Chon chicken.

91. She has several license.

92. And he is more handsome than any other friend of mine.

93. He likes collecting a stamp.

94. When I become tired, I am doing mind control.

95. I am Christian.

96. Are you drinker?

97. Today is tired day for me.

98. Sometimes, it is fun to plan journey.

99. So we went to pork restaurant.

100. However there was friend who come after a long time.

101. However, I want to be stewardess.

102. My best friend is elementary school friend.

103. Every day, I am sorry to send late mail.

104. Too many homeworks are driving me crazy~

105. But, my mother prepares for a animal food.

106. We made a six person in one group.

107. One man was still cool, and good painter.

108. There was very handsome guy.

109. He had a abrupt manner.

110. Have nice Day!!

111. Have a good dreams!

112. Let's plant tree in a mountain next year.

113. And I am university student.

114. My brother is like friend.

115. Steelworks is very big company.

116. I think Po Hang is very good city.

117. But it was great time because after a long time I meet family and friends.

118. First, with my friend, I went to playing room, and singing a song together.

119. Tomorrow I have test.

120. Today I took English test.

121. The reason why she have to do lots of things is she is mother.

122. She still works all of house chore.

123. Rumikyubeu is board game.

124. He has girl friend.

125. When we first met, we were a high school student in the same class.

126. One person became a kindergarten teacher, and the other became nurse.

127. My mother is a full time housewife and stay at home.

128. I have friend that I can open my mind.

129. Did you wonder whether I have boyfriend?

130. I have boyfriend.

131. He is company employee who is doing a computer work.

132. Hong Kong is attractive city.

133. I went to Song Woo resort with English major student from April 1 through 3.

134. He took a photograph of no less than 230 pieces.

135. We played many games and drank Soju until 5 a.m.

136. For a while, it will be a hard time for me to send a e-mail.

137. She go to Kyongwon University and she is a junior.

138. We caused many accident,

139. We are praying for friend.

140. And ...I will give you nick name~~exciting...hoho

141. Maybe I'm stoker hoho funny guy.

142. Gangneung is clear city.

143. Next time, I will write long letter.⌒⌒

144. I met a lot of kind person.

145. My father is builder, and my mother is hotelier.

146. And I'm affirmative person.

147. Do you have boy friend?^_^

148. If you have boy friend, I wonder about your boy friend.

149. As you know, last weekend was fine day, so every flowers come into full.

150. It was beautiful scenery.^_^

151. After flower-viewing, we rode a bicycle and took a pictures.

152. I spent happy weekend.

153. Anyway yesterday was unlucky day.

154. On the other hand, I felt uneasy about those story.

155. Today, I worked part time job at wedding hall.

156. The marvel is that we sang a song for three hours.

157. I'd like to go to the park with friend or girl friend.

158. I am not Christian, but cried very much.

159. I'm very busy because of studying for an examination these days.

160. I went to movie.

161. I am not Christian

162. So I hope to eat pasta in romantic restaurant.

163. I wish you goodnight.

164. When the World Cup opened in Korea and Japan, I sent e-mail to him.

165. Have a sweet dreams~~~~*

166. It's long time.

167. I always remember that I have to send a e-mail to you.

168. I took many photograph near a guesthouse.

169. According to what you say, I hope to be good friend too.

170. I took many photo.

171. I really have spent great time with my friends.

172. I'm student of Cheonan University.

173. My vision is to become a English professor.

174. I have only three day class a week like last year.

175. He was born in countryside.

176. The other hands, he is very kind and warm person at something.

177. Money is not everything in our life.

178. He was example of my life.

179. I like a water and shining sun.

180. Winter is good season, too.

181. Today is very hard time for me.

182. Did you catch cold?

183. My favorite memory might be killing piggy -_-;;

184. So, we only took a exam.

185. My friends are soldier.

186. Do you have many exam next week?

187. Wednesday, I have two exam.

188. Tuesday and friday, I always have a Quizz.

189. Did you have many exam?

190. We had a very nice time, and met many peoples that we had heard from television, newspapers, and radio.

191. My father heard a messages, and he deceived other people here and there.

192. In addition, she don't know how many friends I have!

193. I have father mother and old brother.

194. It will be great if you can tell me the homeworks that we have today.

195. The weather is so fine these day.

196. So I can't send picture to you now.

197. If so, you should not send picture. ^^

198. First, he is very kind and warm hearted person.

199. He is very warm hearted person.

200. Do you like flower?

201. I have had a terrible cough for one weeks.

202. I think we will be a good friends.

203. Today is nasty day.

204. I hate rainy day.

205. I like shiny day.

206. And I moved to Song-tan when I was child.

207. It was very fantastic time.

208. A birthday is always happy day.

209. I think I keep good company.

210. And I am bad daughter who does not take mother's advice seriously.

211. I wished to become daughter who is better than her mother.

212. I'm fourth-year student.

213. It seem to be the best if I am a student.

214. But, unfortunately, I don't have homepage.

215. I seem to have all homepages one by one these day.

216. I am going to write to you again several day later.

217. That shoes make me sad because I want to play well.

218. Why don't you send e-mail?

219. Actually I and my family bought home theater.

220. This is my first time sending you e-mail.

221. I'm female.⌒⌒

222. I can get a long with many friend.

223. But it is hard for me to make friend from English Composition class.

224. I think they have a different class time.

225. And I have a few friend whose major is Chinese.

226. And I sent you e-mail before.

227. Maybe you thought it was spam mail.

228. I will send you e-mail next week!

229. I saw movie yesterday.

230. It was interesting movie.

231. The story of the movie was about one of woman who was raped and murdered by a man.

232. I like horror movie.⌒⌒

233. It was like action movie.

234. Oh! those were highschool seniors' life!! It's onerous-_ -;;

235. And my family live in Busan.

236. I'm warried about many assignment.

237. My friend is woman.

238. I don't like that people visiting my home.

239. When I was child, my grandmother didn't hug me.

240. Her arms and lap was always for two children of uncle.

241. One person became kindergarten teacher, and the other became a nurse.

242. I'm junior in English Dept. too. ⌒⌒

243. Except for snake, dog, frog....

244. But, now she sing songs that she really wants.

245. Also, I wish her happiness as fan.

246. I am nervous about school exams. I really would like to have good grade.

아래의 답을 확인 하시오.

1. I think I am a lazy girl⌒⌒;

2. Both you and your brother are Cheonan University students, is that right?

3. Fortunately, her hair style was pretty.

4. Although my English is not that good, thank you for reading my e-mail.

5. Specially, I want to translate movies or books.

6. I think that you spent a good time.

7. I worked for a part time job recently.

8. It's so difficult to teach a child.

9. Sometimes, I think that it is good to exchange mails in English.

10. My baby was born in a faithful family.

11. I became a Chong Shin graduate student.

12. I can say that I have three answers.

13. To begin with, if I am an English composition teacher, I will have three purposes.

14. They may get more things afterwards,

15. My father is 49 years old in this year, and he is an architect.

16. For these reasons, let me introduce myself today.

17. It is not my story, but I hope to be a great person.

18. Like a big fire.

19. So Go-Hung is a perfect place for viewing the blue water.

20. I like all games that I can.

21. We watched TV, ate slices of raw fish, and had a drink.

22. We wanted to be good friends.

23. It's a clean city⌃⌃

24. I went to a movie with my friends again.

25. I am very sorry to send you a late mail.

26. The doctor poked a needle in my knee for four times.

27. I have a friend living in Gang-Nam in Seoul,

28. Generally people say that nothing is the end of studying.

29. People generally say that a woman should be beautiful and slim.

30. There are no other ways for it.

31. Mother is a house keeper.

32. Older brother is a Chonan university student.

33. I don't' have money and time because I lost thirty pieces of bus tickets last week.

34. It was a very terrible accident.

35. But I haven't seen movies lately.

36. It's a big problem.

37. Jogging is a very good exercise.

38. I have many examinations next week.

39. She is a pretty girl.

40. These days, it gets warm.

41. I am catching a cold at this moment.

42. I had much homework.

43. I should go to an English academy.

44. I did a part-time job today.

45. Do you like a rainy day?

46. If there is recollection, it may be the travel with friends during high school days.

47. I want to be an English teacher.

48. My father works at a company, and mother is just a housekeeper.

49. Also, I hope to have a great time.

50. It was a great movie.

51. We were in the same classes for two times by chance.

52. My sister majors in Nursing Science.

53. It is very exciting to exchange an e-mail with person whom I don't know.

54. Today is White day.

55. I have a boyfriend whom I met two years ago.

56. I look for a candy.

57. I believe that we are going to become good E-mail friends.

58. Frankly speaking, my boyfriend broke his promises, so I got angry.

59. We bought nine flowers.

60. Do you like flowers?

61. She becomes 22 years old.

62. We talked about many things.

63. Moreover, I must write my diary because Patrick gives me homework.

64. We had a good time^^

65. Do you have person who gives you lots of candy?

66. And Kim Sun is a very thoughtful friend.

67. At last, I have a boyfriend who is 25 years old.

68. It was a good experience to me.

69. I will be an English teacher.

70. I hope you prepare well for the test and get good results.

71. We are good friends.

72. I have many examinations this week

73. Does the weather sizzle these days?

74. It's a nice weekend, isn't it?

75. We are friends until our death.

76. Because my English competency is not as high as yours, I worry about my mail exchanges.

77. I have nothing-a purse, a bag, and a book.

78. For these reasons, my lecture is very hard.

79. But I feel that Yo-Su is a precious city to me because there is my happy recollection.

80. I believe it was a very romantic and happy moment.

81. My only pride is writing letters well...^^

82. My favorite musician is Radiohead, an English rock band....

83. But I was a little busy because there was much homework.

84. I was also embarrassed today when I faced a confusing quiz.

85. It's a pleasant midnight..!!

86. Today is an election day that we elect a congressman.

87. So I thought very deeply about electing a good man.

88. Recently I was very busy for my homework.

89. And then we played many board games in a board game-room.

90. Her job is a house keeper and the president of Po-Chon chicken.

91. She has several licenses.

92. And he is more handsome than any other friends of mine.

93. He likes collecting stamps.

94. When I become tired, I am doing a mind control.

95. I am a Christian.

96. Are you a drinker?

97. Today is a tiring day for me.

98. Sometimes, it is fun to plan a journey.

99. So we went to a pork restaurant.

100. However there was a friend who came after a long time.

101. However, I want to be a stewardess.

102. My best friend is from elementary school.

103. Every day, I am sorry to send a late mail.

104. Too much homework drives me crazy~

105. But, my mother prepares for an animal food.

106. We divided six persons into one group.

107. One man was still cool and a good painter.

108. There was a very handsome guy.

109. He had an abrupt manner.

110. Have a nice day!!

111. Have good dreams!

112. Let's plant trees in a mountain next year.

113. And I am a university student.

114. My brother is like a friend.

115. Steelworks are very big companies.

116. I think Po Hang is a very good city.

117. But it was a great time because after a long time I met family and friends.

118. First, with my friend, I went to a playing room and sang songs together.

119. Tomorrow I will have an exam.

120. Today I took an English exam.

121. The reason that she has to do lots of things is she is a mother.

122. She still works all of house chores.

123. Rumikyubeu is a board game.

124. He has a girl friend.

125. When we first met, we were high school students in the same class.

126. One person became a kindergarten teacher, and the other became a nurse.

127. My mother is a full time housewife and stays at home.

128. I have a friend to whom I can open my mind.

129. Did you wonder whether I had a boyfriend?

130. I have a boyfriend.

131. He is a company employee who is in charge of a computer work.

132. Hong Kong is an attractive city.

133. I went to Song Woo resort with English major students from April 1 through 3.

134. He took photographs of no less than 230 pieces.

135. We played many games and drank Sojus until 5 a.m.

136. For a while, it will be a hard time for me to send an e-mail.

137. She attends Kyongwon University, and she is a junior.

138. We caused many accidents,

139. We are praying for friends.

140. And ...I will give you a nick name~~exciting...hoho

141. Maybe I'm a stoker hoho a funny guy.

142. Gangneung is a clean city.

143. Next time, I will write a long letter.^^

144. I met a lot of kind persons.

145. My father is a builder, and my mother is a hotelier.

146. And I'm an affirmative person.

147. Do you have a boy friend?^_^

148. If you have a boy friend, I am quite interested in your boy friend.

149. As you know, last weekend was a fine day, so every flowers come into full.

150. It was a beautiful scenery.^_^

151. After flower-viewing, we rode bicycles and took pictures.

152. I spent a happy weekend.

153. Anyway yesterday was an unlucky day.

154. On the other hand, I felt uneasy about those stories.

155. Today, I worked a part time job at the wedding hall.

156. The marvel is that we sang songs for three hours.

157. I'd like to go to the park with a friend or a girl friend.

158. I was not a Christian but cried very much.

159. I'm very busy because of preparing for examinations these days.

160. I went to a movie.

161. I am not a Christian

162. So I hope to eat pasta in a romantic restaurant.

163. I wish you had a good night.

164. When the World Cup opened in Korea and Japan, I sent an e-mail to him.

165. Have sweet dreams~~~~*

166. It's a long time.

167. I always remember that I have to send an e-mail to you.

168. I took many photographs near a guesthouse.

169. According to what you say, I hope to be a good friend, too.

170. I took many photos.

171. I really have spent a great time with my friends.

172. I'm a student of Cheonan University.

173. My vision is to become an English professor.

174. I have only three day classes in a week last year.

175. He was born in a countryside.

176. On the other hand, he is a very kind and warm person for everything.

177. Money is not everything in our lives.

178. He was an example of my life.

179. I like the water and the shining sun.

180. Winter is a good season, too.

181. I had a very hard time today.

182. Did you catch a cold?

183. My favorite memory might be killing piggies -_-;;

184. So, we only took an exam.

185. My friends are soldiers.

186. Do you have many exams next week?

187. Wednesday, I have two exams.

188. Every Tuesday and Friday, I always have a Quiz.

189. Did you have many exams?

190. We had a very nice time and met many people that we had seen or heard from a television, newspapers, and a radio.

191. My father took messages, and he deceived other people here and there.

192. In addition, she doesn't know how many friends I have!

193. I have a father, a mother, and an older brother.

194. It would be great if you told me about the homework.

195. The weather is so fine these days.

196. So I can't send pictures to you now.

197. If so, you should not send pictures. ^^

198. First, he is a very kind and warm hearted person.

199. He is a very warm hearted person.

200. Do you like flowers?

201. I have had a terrible cough for a week.

202. I think we will be good friends.

203. Today is a nasty day.

204. I hate a rainy day.

205. I like a shiny day.

206. And I moved to Song-Tan when I was a child.

207. It was a very fantastic time.

208. A birthday is always a happy day.

209. I think I keep a good company.

210. And I am a bad daughter who does not take mother's advice seriously.

211. I wish I had been a daughter who was better than her mother.

212. I'm a fourth-year student.

213. It seems to be the best if I am a student.

214. But, unfortunately, I don't have a homepage.

215. I seem to have all homepages one by one these days.

216. Several days later, I am going to write to you again.

217. Those shoes make me sad because I want to play well.

218. Why don't you send an e-mail?

219. Actually, I and my family bought a home theater.

220. This is my first time sending you e-mail.

221. I'm a female.^^

222. I can get well along with many friends.

223. But it is hard for me to make friends from English Composition class.

224. I think they take different classes.

225. And I have a few friends whose majors are Chinese.

226. And I sent you an e-mail before.

227. Maybe you thought it was a spam mail.

228. I will send you an e-mail next week!

229. I saw a movie yesterday.

230. It was an interesting movie.

231. The story of the movie was about one of the women who was raped and murdered by a man.

232. I like horror movies. ^^

233. It was like an action movie.

234. Oh! Those were high school seniors' lives!! It's onerous-_ -;;

235. And my family lives in Busan.

236. I'm worried about many assignments.

237. My friend is a woman.

238. I don't like those people visiting my house.

239. When I was a child, my grandmother didn't hug me.

240. Her arms and laps were always for uncle's two children.

241. One person became a kindergarten teacher, and the other became a nurse.

242. I'm a junior in English Dept., too. ^^

243. Except for snakes, dogs, and frogs....

244. But, now she is singing songs that she really wants to.

245. Also, I wish she was happy, as her fan.

246. I am nervous about school exams. I really would like to have good grades.

3. 시제 일치

아래의 문장의 어색한 부분을 수정하시오.

1. Sometimes my mother tells me that my brother and I are in one body with our parents because we have been born from their body.
2. Nowadays.. I felt an importance of friend. ^^*
3. On the way to the house, I see many beautiful flowers.
4. When I see my parents, they are doing their best in their life.
5. Therefore around my father, there are many people that he was known.
6. I am much painful during several days.
7. When we first met, we are highschool student.

정답

1. Sometimes my mother tells me that my brother and I are in one body with our parents because we were born from her body.
2. Nowadays, I feel the importance of a friend. ^^*
3. On the way to the house, I saw many beautiful flowers.
4. When I see my parents, they always do their best in their lives.
5. Therefore, around my father, there are many people whom he has known.
6. I have been much painful during couple of days.
7. When we first met, we were high school students.

퀴즈 3. 정동사 선행 학습 자료

프리, 조별 작문, 영작 메일을 통해 가장 빈도수 높게 발생하는 오류는 정동사이다. 정동사가 정리가 되지 않으면 아무것도 할 수가 없다. 영어의 불변의 원칙 중의 하나가 한 문장 안에 반드시 하나의 주어와 동사가 나와야 문장이 될 수 있다는 것이다. 그런데, 동사가 없거나 있어도 잘못된 동사를 사용하는 경우가 많은데, 유형별로 분류해 보면, 1. 잘못된 동사의 사용, 2. 원형 동사, 3. 자 타동사의 혼동, 4. 정동사가 없는 경우, 5. 정동사가 여러 개 나오는 경우, 그리고 마지막으로 규칙과 불규칙 동사를 잘못 사용한 경우이다. 여기에 대해 공부해 보도록 하자.

1. 잘못된 동사의 사용

* So far, I tall you about my friend.

어색한 부분을 바로 잡으면?

내 친구에 대해 이야기하겠다고 하는 것이니 tell의 과거 told가 와야 한다. 바꾸면?
So far, I have told you about my friend.

* I was much homework.

어색한 부분을 바로 잡으면?

내가 숙제 일리는 없지요. 숙제가 많다는 의미? have 동사 사용합니다. 정리하면,

I had much homework.

* Did you say me that you like a movie?

어색한 부분을 바로 잡으면?

say 다음에는 바로 사람 목적어가 나올 수가 없습니다. 정리하면,

Did you say that you like a movie? 또는, Did you say to me that you like a movie?

* In conclusion, this meeting of special feature is don't too much alcoholic drank.

어색한 부분을 바로 잡으면?

조동사 don't 다음에 정동사가 나와야 합니다. 그리고 의미도 어색하군요. 우리말로 정리하면, 결론적으로 말해서 이 모임은 술을 마시기 위한 모임은 아니라는 말이지요. 그렇다면,

In conclusion, this special meeting is not for the sake of drinking.

* Hey~Why do you can't study eagerly?

어색한 부분을 바로 잡으면?

do나 can 모두 조동사이지요. 조동사도 정동사와 마찬가지로 한 문장 안에 이렇게 여러 번 나오는 것은 준 유통 법 위반입니다. 정리하면 Hey~Why don't you study hard.

* I favorite MC SNIPER. 어색한 부분을 바로 잡으면?

favorite은 주로 형용사로 사용합니다. 동사가 없는 상황인데, 정리하면,

I like MC SNIPER.

* And she is a cheerful disposition.

어색한 부분을 바로 잡으면?

그 여자가 성격? 그 여자의 성격이지요. 정리합니다.

And she has a cheerful disposition.

2. 원형 동사를 사용하지 않은 경우

문장에서 조동사가 오면 그 다음에는 반드시 정동사가 오고 그것도 원형 동사가 와야 합니다.

You didn't wrote where to live.

주어진 문장에서 과거를 나타내는 조동사 didn't 다음에 원형 동사가 와야 하기 때문에 과거 동사 wrote가 아닌 write가 와야 하지요. 정리합니다.

You didn't write where to live.

아래의 문장에서 어색한 부분을 바로 잡으시오.

1. Oh, I am sorry I didn't received your letter.

2. Do you liked to listen to music?

3. But we'll never forgot the remembrance that we shared.

4. So she can speaks English fluently.

5. I was happy to saw my old friend,

6. Then he will became a very honest politician some time or other.

7. Although he does not studies well, he has lots of talents.

8. My uncle was the only university student among the family, and the other family must sacrificed for him.

9. She could scarcely recognizes nobody.

10. She took a serious turn, so someone must looked after her.

11. Ah! did you heard from the news?

12. Christina will getting married at once.

13. Jesus will always is with you.

아래의 답을 확인해 보세요.

1. Oh, I am sorry. I didn't receive your letter.

2. Do you like listening to music?

3. But we'll never forget the remembrance that we shared.

4. So she can speak English fluently.

5. I was happy to see my old friend,

6. Then he will become a very honest politician.

7. Although he does not study hard, he has lots of talents.

8. My uncle was the only university student among the family, and the other family must sacrifice for him.

9. She could scarcely recognize nobody.

10. She took a serious turn, so someone must look after her.

11. Ah! Did you hear from the news?

12. Christina will get married at once.

13. Jesus will always be with you.

3. 자·타동사를 혼동해서 사용하는 경우

He went to Pusan.에서 왜 to를 사용해야만 하는지에 대한 사연을 아시나요? 왜 He went Pusan.은 안 되나요? 안됩니다. 이렇게 글 쓰다가 손 잘린 사람들 많아요. 절대 안 됩니다. 왜냐구요? went가 자동사이기 때문에 목적어인 명사나 대명사를 불러오질 못합니다. 그래서 전치사가 전치사 주의 부상을 무릅쓰고 몸을 바쳐 그 뒤에 명사를 불러온 것이지요. 영어 집안의 내력도 알고 보면 매우 복잡하답니다. 으하하! 영어 집안의 내력을 보면 이런 일은 얼마든지 있지요. I looked at her. I saw her. 둘 다 본다는 말인데, looked 뒤에는 at 이 반드시 와야 합니다. saw는 전치사가 오지 않고요. 왜냐구요? looked 가 자동사이기 때문이지요. 자·타동사 구분은 우리로선 쉽지 않습니다. 원어민은 감각으로, 비 원어민은 피 토하는 노력으로 달려야만 그 감각의 절반을 얻지요. 원어민에게 혀와 감각이 있다면, 우리에겐 지칠 줄 모르는 투지와 머리가 있지요. 간단히 말해서 외워야 합니다.

There are a lot of opportunities to contact to others in a society.

위의 문장이 왜 어색한지 아시나요? contact 때문입니다. 그리고 기억하시나요? 교회 이야기?

교회에 갔더니 (attend), 나의 이상형과 너무도 닮은 사람이 있어 (resemble), 다가간 것이지요 (approach). 많은 이야기를 주고 받았다우 (mention, discuss), 느낌이 서로 좋아 연락처를 주고받고 (contact), 날이면 날마다 만나다가 한집에서 매일 만나게 되었다우 (marry).

이런 동사들은 우리말에는 전치사를 달고 나오나 영어에서는 타동사로 절대로 전치사가 나오지 않습니다. 따라서 contact to가 아니라 contact입니다. 정리하면, There are a lot of opportunities to contact others in a society.

아래의 문제를 풀어 보세요. 절대로 절대로 답부터 보면 안 됩니다. 눈이 멀어요!!!

1. Did you decide to apply our university because of your brother by any chance?

2. 'Do you believe prediction?'

3. I seldom believe prediction or fate.

4. However, I don't believe fortune.

5. Preferentially, I deeply appreciate your care,

6. Though we worked planning department together, we even did not have a time to chat.

7. when the King climbed mountain before.

8. Still I was suffocated when I thought him.

9. Mostly during the summer vacation I went to there.

10. My old brother likes to Gun game.

11. During the evening, her friends visited to her, and she looked very joyful.

12. I waited your e-mail.

13. After I went to there, I was happy to see friends.

14. Younger brother entered to primary school.

15. I am catching a cold and suffer indigestion.

16. My parents went to there.

17. I went a restaurant to eat dinner.

18. I often go to there.

19. I particularly learned her strong point

20. But I had to wait over an hour.

21. It was a very good opportunity to approach with other person.

22. I love to them.

23. Because my English writing ability is not as high as you, I worry mail exchanges.

24. I hope to you solve your problems well!!

25. I guess you prepare your exam hard now~

26. I felt bad because I did not prepare an umbrella.

27. I'll wait your e-mail.

28. However we meet Messenger several times a week, too.

29. This moment I think fortune

30. And I thought my mother.

31. I like about Jo Sung Mo, so I'm collecting all of his albums.

32. Must help for him.

33. I want to know you through letters.

34. Let us pray R.O.K.

35. Sometimes they fight each other, but they love each other.

36. Then, we went Pizza Hut.

37. Did you want to know my dream?

38. Today, I went Myoung-Dong with a childhood friend.

39. We went Fourpillar's cafe.

40. After drinking, we went a Karaoke.

41. After that, we visited to Muui Island through Yungjong Island by a passenger boat.

42. First. I should like to go Rome.

43. Second, I would like to go in Netherlands.

44. My friend heard to my agony whenever I was in trouble.

45. In fact, I wonder yourself.

46. Today, I had to go on a library, but I got up late.

47. I have eagerly waited the reunion day as I imagined the immatured and funny faces of my classmates.

48. I wait for your letter, but I can't wait your letter any more.

49. He can concentrate his work and hobby.

50. Anyway I am a senior, but I can not speak to English very well.

51. I would like to know you very well.

52. You tell me that your profile.

53. We met on last Wednesday.

54. I think that I must always help to my mother.

55. Did you attend to MT?

56. I didn't attend to MT.

57. I envy for you.

58. You talked me.

59. She asked to me that she could see it.

60. When we were young, we often fight each other.

아래의 답을 참고하세요.

1. Did you decide to apply for our university because of your brother by any chance?

2. 'Do you believe in prediction?'

3. I seldom believe in prediction or fate.

4. However, I don't believe in fortune.

5. Preferentially, I deeply appreciate for your care,

6. Though we worked for planning department together, we even did not have a time to chat.

7. when the King climbed up the mountain before.

8. Still I was suffocated when I thought about him.

9. Mostly, during the summer vacation, I went there.

10. My old brother likes Gun games.

11. During the evening, her friends visited her, and she looked very joyful.

12. I waited for your e-mail.

13. After I went there, I was happy to see friends.

14. Younger brother entered a primary school.

15. I am catching a cold and suffering from indigestion.

16. My parents went there.

17. I went to a restaurant to eat dinner.

18. I often go there.

19. I particularly learned about her strong points.

20. But I had to wait for him over an hour.

21. It was a very good opportunity to approach other people.

22. I love them.

23. Because my English writing ability is not as high as you, I worry about mail exchanges.

24. I hope you solve your problems!!

25. I guess you prepare for your exam very well now~

26. I felt bad because I did not prepare for an umbrella.

27. I'll wait for your e-mail.

28. However we meet from Messenger several times a week, too.

29. This moment I think about fortune.

30. And I thought about my mother.

31. I like Jo Sung Mo, so I'm collecting all of his albums.

32. Must help him.

33. I want to know about you through letters.

34. Let's praying for R.O.K.

35. Sometimes they fight with each other, but they also love each other.

36. Then, we went to Pizza Hut.

37. Did you want to know about my dream?

38. Today, I went to Myoung-Dong with a home boy.

39. We went to Fourpillar's cafe.

40. After drinking, we went to a Karaoke.

41. After that, we visited Muui Island through Yungjong Island by a passenger boat.

42. First. I should like to go to Rome.

43. Second, I would like to go to Netherlands.

44. My friend heard through the grapevine about my agony whenever I was in trouble.

45. In fact, I wonder about yourself.

46. Today, I had to go to a library, but I got up late.

47. I have eagerly waited for the reunion day as I imagined the immatured and funny faces of my classmates.

48. I have waited for your letter, but I can't wait for your letter any more.

49. He can concentrate on his work and hobby.

50. Anyway I am a senior, but I can not speak English very well.

51. I would like to know about you very well.

52. You tell me about your profile.

53. We met last Wednesday.

54. I think that I must always help my mother.

55. Did you attend MT?

56. I didn't attend MT.

57. I envy you.

58. You talked to me.

59. She asked that she could see it.

60. When we were young, we often fought with each other.

4. 정동사가 없는 경우

한 문장 안에 반드시 하나의 정동사가 있어야 함에도 불구하고, 정동사가 없는 경우의 오류를 말합니다. 예를 들면, I wish your examination finishing very well. wish that 주어+동사에서 your examination 이라는 주어는 있으나 finishing이 정동사는 될 수가 없습니다. 정리하면, I wish your examination finishing very well. 이것 또한 어색합니다. 시험을 끝마치는 주체가 사람이지 시험은 아니지요. 다시 정리하면, I wish you finish your exam with a great success.

아래 문장의 어색한 부분만 수정을 하세요.

1. I expecting a response to this letter.

2. And now I studing Special Education.

3. I waiting for your response.

4. It's a mid-exam period, so you will very busy.

5. I really glad to see your mail.

6. I, however, upseted to hear bad news about my friends.

7. Spring just around the corner.

8. Fall weather cool and mild.

9. If you given a chance, go to 'Norita'.

10. I will hard.

11. Tomorrow, I should part-time job, too.

12. I envy you in that you able to get angry about it.

13. We didn't playing amusement facilities because I feel scared whenever rode them.

14. I glad when I received your cell phone message.

15. We didn't talking about it together.

16. I always sorry with you.

17. I and my sister moved to grandfather's house in Seoul when I was the 4th grade elementary school student.

18. I proud of her.

19. And I 4th grade. ⌢⌢

20. I feeling joyful.

21. ...and the rest two persons(including me) still students.

22. I really praying for Nan-Young.

23. You a wonderful citizen.

24. It' up to you~

25. The title of the movie The Passion of the Christ.

26. The image of a windmill coming and fading in front of my eyes.

27. My name is Yi Hyun Jin, and I the 3rd grade.

28. I would not happy.

29. One of the best presents that we got from heaven.

30. For example, we listening to the similar genre of music.

31. I happy because there is no homework or tests.

32. Now, I writing a report.

33. When I angry or sad, my sister always gives me happiness.

34. So, I couldn't Quizz 2.

35. For example, they broke my present when I into the restroom.

36. She always scared when her old sister goes out for work.

37. At that timed, he doesn't ill and unpleasant about giving it to anyone.

38. Now he gone to army two weeks ago.

39. I usually thinking about him.

40. I writing English letter for the first time.

41. I waiting the spring because I like it.

42. I really really amazed.

43. Can you this?

44. I want to describe my mother who one of them.

45. I think you tired.

46. We thinking what we can do.

47. He never smoking and drinking very much.

48. I will waiting your reply.

49. He knew that he entered the wrong way, and we wandering and wandering the same way!

50. I hope you didn't lazy like me.

51. My phone number 011-9985-0584.

52. We intimate terms with each other.

53. She is an even tempered person and a straight forward character.

54. And I still doing my homework.

아래의 답을 참고하세요.

1. I expect to receive your mail sooner or later.

2. And now I am studying Special Education.

3. I am waiting for your response.

4. It's a mid-exam period, so you will be very busy.

5. I am really glad to see your mail.

6. I, however, was upset to hear bad news about my friends.

7. Spring is just around the corner.

8. Fall weather is cool and mild.

9. If you have a chance, go to 'Norita'.

10. I will study hard.

11. Tomorrow, I should work for a part-time job, too.

12. I envy you in that you are able to get angry about it.

13. We didn't play amusement facilities because I feel scared whenever I rode them.

14. I was glad when I received your cell phone message.

15. We didn't talk about it together.

16. I am always sorry for you.

17. I and my sister moved to grandfather's house in Seoul when I was in the 4th grade elementary school student.

18. I am proud of her.

19. And I am in the 4th grade. ⌢⌢

20. I feel joyful.

21. ...and the rest two persons(including me) are still students.

22. I am really praying for Nan-Young.

23. You are a wonderful citizen.

24. It's up to you.

25. The title of the movie was " The Passion of the Christ."

26. The image of a windmill is coming and fading in front of my eyes.

27. My name is Yi Hyun Jin, and I am in the 3rd grade.

28. I would not be happy.

29. One of the best presents that we got from heaven is a family.

30. For example, we are listening to the similar genre of music.

31. I am happy because there is no homework or test.

32. Now, I am writing a report.

33. When I am angry or sad, my sister always gives me happiness.

34. So, I did not do a good job from Quiz 2.

35. For example, they broke my present when I ran into the restroom.

36. She is always scared when her old sister goes out for work.

37. At that time, he was ill and unpleasant about giving it to anyone.

38. He went to army two weeks ago.

39. I usually think about him.

40. I am writing an English letter for the first time.

41. I am waiting for the spring because I like it.

42. I was really, really amazed.

43. Can you do this?

44. I want to describe my mother who is one of them.

45. I think you are tired.

46. We are thinking what we can do.

47. He never smokes and drinks very much.

48. I will wait for your reply.

49. He knew that he entered the wrong way, and we were wandering and wandering the same way!

50. I hope you aren't lazy like me.

51. My phone number is 011-9985-0584.

52. We are having intimate terms with each other.

53. She is an even tempered person and has a straight forward character.

54. And I am still doing my homework.

5. 정동사가 여러 개 나오는 경우

한 문장 안에 정동사가 하나가 반드시 나와야 하는 것은 절대불변의 법칙이나, 콤마나 접속사의 연결 없이 한 문장 내에 여러 개의 정동사가 나오는 오류를 말합니다. 예를 들면, My hobby is listen to the music. is와 listen은 분명 정동사고 두 개가 나와 어색합니다. 정리하면, My hobby is to listen to the music.

아래에 나오는 문장의 어색한 부분만 고치세요.

1. Now he is look up to by all.

2. My hobby is study.. Ha ha..

3. My mother was very enjoy to Car racing game.

4. I hope this mail is go well to you.

5. I'm do not exercise because I go to an academy everyday.

6. I'm crammed with the examination.

7. I want you write a guest book.

8. Aren't you agree with me?

9. My father likes invite friends very much.

10. But I will study is very hard.

11. My hobbies are listen to music and watch movies.

12. I will study English is very hard.

13. I am not understand it.

14. I think that he have seems to friendly,

15. It takes for 2 hours to go to school,

16. Are you major in English?

17. And I'm major in English.

18. You are also think the same with me.

19. Mid-term will be come soon.

20. She is university, major in Nursing Science.

21. My sister was major in Piano.

22. Now she's major in a Korean Language.

23. My sister Yon-ju who majors in a Korean Language is always talking to me like a teacher.

24. But among my friends, one person is drinks too much.

25. Of course, my team was win.

26. Are you go to MT?

27. I want listen your MT story.

28. She is love my family very much.

29. But I have nothing to do help her.

30. I like watch the soccer game.

31. That will be kill me!

32. But I was always meet this people,

33. I'm lead a busy life.

34. Are you plant trees?

35. I'm not plant tree.

36. I am go out 'Yonam college' with church's friends.

37. You are examination study hard.

38. And I'm thank you.

39. I am studied English because I have a test tomorrow.

40. I'm studied late yesterday.

41. What are you like?

42. Was it answer on your question?^^*

43. I am worry that I can pass the graduation examination.

44. I'm go to school from Tuesday to Thursday.

45. I'm already expect.

46. I was know you dislike me.

47. I want talk to you about an episode.

48. May be I will know more about you, if we are drink.

49. Are you take very good pictures?

50. I'm not take good pictures^^ ,

51. Are you enjoy playing the piano?

52. This is the first time send a letter to you.

53. I'm live with my parents in Bu Chon.

54. We couldn't meet another day because of his working.

55. Therefore we are look forward to coming Sunday.

56. I'm look forward to your letter.

57. I like flowers especially begin to bloom in the spring.

58. Are you become better?

59. My duty of yesterday was translate their body text of chapter.

60. So, I am very happy because I became met to the good friends today.

61. We already start send mail.

62. I am enjoy with my family.

63. I wish I have only two days' classes a week but it seems be impossible.

64. In this afternoon the temperature is raise up to 32.

65. So I wish that you're enjoy your time at the church.

66. I like snow, go boarding and Christmas day.

67. If we were meet next week, I hope say hello with each other.^^

68. Next Monday, I have only one exam is left.

69. Do you like play by ball?

70. But he was became a quiet another man, with his changed attitude.

71. When I was in the second year of high school. I was always visit Mi Jung's home.

72. I'm major in English.

73. Is it say rude things?

74. Thank you for read my letter.

75. I want to you like MC SNIPER.

76. I'll be go to picnic this weekend.

77. I feel wonder about it.

78. I keep watch over my own conduct.

79. Anyway, If we feel sad or bad, I want us to be rely on each other.

80. One is live in my apartment.

81. The others are live in near my apartment.

82. I'm really thank to them.

83. I prefer eat going out to eating in school.

84. She likes to climb up to the mountains.

85. They really likes climb up the mountains.

86. She isn't avoid showing something to others.

87. Anyway I was happy accept your offer.

88. I thought he was forget how to reach there.

89. Even if we spend takes more time, we try to find another way.

90. I was really feel chilly and scared.

91. I really like go shopping and go to the movie.

92. Next she was die, and after that she came out of the room.

93. I'm write an E-mail now.

94. I was catch a cold because of the stress obtained from assignments .

95. He is major in Administration.

96. Attend school on a bus is very tiring.

97. I like eat something.

98. I only like eat.

99. I want recommend it to you

100. I've decided lose my weight because I've gained my weight.

101. They are live in near my house.

아래의 답을 확인하세요.

1. Now he is looked up to by all.

2. My hobby is to study.. Ha ha..

3. My mother enjoyed a car racing game very much.

4. I hope you receive this mail with no difficulties.

5. I do not exercise because I go to an academy everyday.

6. I crammed with the examination.

7. I want you to write a guest book.

8. Don't you agree with me?

9. My father likes inviting friends very much.

10. But I will study very hard.

11. My hobbies are listening to the music and watching movies.

12. I will study English very hard.

13. I do not understand it.

14. I think that he seems to be friendly.

15. It takes for 2 hours to go to school,

16. Do you major in English?

17. And I major in English.

18. You are also thinking the same way with me.

19. Mid-term will be coming soon.

20. She majors in Nursing Science.

21. My sister majored in Piano.

22. Now she majors in Korean Language.

23. My sister Yon-ju who majors in Korean Language is always talking to me like a teacher.

24. But among my friends, one person drinks too much.

25. Of course, my team won.

26. Are you going to MT?

27. I want to listen to your MT story.

28. She loves my family very much.

29. But I have nothing to do to help her.

30. I like to watch the soccer game.

31. That will kill me!

32. But I always meet these people,

33. I lead a busy life.

34. Do you plant trees?

35. I do not plant trees.

36. I attend 'Yonam college' with church's friends.

37. Study hard.

38. And I thank you.

39. I am studying English because I have a test tomorrow.

40. I studied late yesterday.

41. What do you like?

42. Does that answer your question?^^*

43. I am worried that I can pass the graduation examination.

44. I'm going to school from Tuesday to Thursday.

45. I already expect.

46. I know you dislike me.

47. I want to talk to you about an episode.

48. May be I will know more about you, if we drink.

49. Are you good at taking pictures?

50. I'm not good at taking pictures^^ ,

51. Do you enjoy playing the piano?

52. This is the first time sending a letter to you.

53. I live with my parents in Bu Chon.

54. We couldn't meet another day because of his work.

55. Therefore, we look forward to coming Sunday.

56. I'm looking forward to your letter.

57. I like flowers especially beginning to bloom in the spring.

58. Are you better?

59. My duty of yesterday was to translate the chapters.

60. So, I am very happy because I met good friends today.

61. We already start to send a mail.

62. I enjoy the time with my family.

63. I wish I had only two days' classes a week, but it seems to be impossible.

64. In this afternoon the temperature rose up to 32.

65. So I wish that you enjoyed your time at the church.

66. I like to go boardig, snow, and a Christmas day.

67. If we meet next week, I hope to say hello to each other.^^

68. Next Monday, I have only one exam left.

69. Do you like to play by ball?

70. But he became a quite another man with his changed attitude.

71. When I was in the second year of the high school, I always visited Mi Jung's house.

72. I major in English.

73. Is it saying rude things?

74. Thank you for your reading my letter.

75. I want you to like MC SNIPER.

76. I'll be going on a picnic this weekend.

77. I wonder about it.

78. I keep watching over my own conduct.

79. Anyway, if we feel sad or bad, I want us to rely on each other.

80. One lives in my apartment.

81. The others live near my apartment.

82. I really thank to them.

83. I prefer going out to eat rather than eating in school.

84. She likes to climb up the mountains.

85. They really like to climb up the mountains.

86. She does not avoid showing something to others.

87. Anyway, I was happy to accept your offer.

88. I thought he forgot how to reach there.

89. Even if it takes more time, we try to find another way.

90. I really feel chilly and scared.

91. I really like to go shopping and to the movies.

92. Next she was dead, and after that, she came out of the room.

93. I'm writing an e-mail now.

94. I caught a cold because of the stress obtained from assignments.

95. He majors in Administration.

96. Attending school on a bus is very tiring.

97. I like to eat something.

98. I only like to eat.

99. I want to recommend it to you

100. I've decided to lose my weight because I've gained it.

101. They live near my house.

6. 규칙과 불규칙 동사를 잘못 사용한 경우

불규칙 동사가 정리가 되지 않아 생기는 오류를 말한다. 불규칙 동사가 정리가 되지 못하면, 규칙 동사도 잘 모르게 되고 결국 도미노 현상이 생기게 되는 것이다. 불규칙 동사는 특히 시제와도 관련이 되고 작문에서 잘못된 동사의 모양을 만들기도 하는 것이다. 결국 한마디로 말해서 계속 틀리는 작문만 하게 되는 셈이다.

따라서 주요 불규칙 동사는 반드시 정리를 하고 넘어가야하며, 카페에 게시한 불규칙 동사의 경우에는 이번 기회에 꼭 정리를 해서, 작문뿐만 아니라, 취업대비 각종 영어 시험을 준비해 주기 바란다. 이처럼 영작이란 영어에서도 가장 높은 단계의 능력을 요구하는 과목으로 영어과 학생들은 영문법이나 실용 영문법을 수강한 후 영작문을 수강해 주기 바란다. 자신의 영어 실력이 없음을 인정하고 겸손하게 차근차근 단계별로 공부를 하려는 겸허함보다는 선생이나 책을 탓하는 사람이 아직도 있다면, 자신의 공부 태도에 대해 심각하게 생각해 보기 바란다. 언제까지 떠먹여주는 공부를 하려고 하는지? 공부는 스스로 하는 것이고, 선생님은 길을 안내하는 사람이라는 것과, 자기에 대한 반성과 겸허함이 없는 사람은 아무것도 하지 못한다는 사실을 명심해 주기 바란다. 아래의 문장을 살펴보면,

Anyway, when we leaved beauty salon, it was 6 o'clock.

무엇이 문제인가? 글쓴이는 leave 동사를 규칙 동사로 착각하고 과거를 표현할 때 leaved를 사용하고 있다. 정리하면?

Anyway, when we left a beauty salon, it was 6 o'clock. 관련된 아래의 문제를 풀어보자.

아래의 문제를 풀어 보시오.

1. I standed and standed.

2. She teared her skin

3. Last week, mistaking to walk, I was hurted a knee.

4. After I had been hurted a knee, I was going to the hospital.

5. Finally. we begun to drink in earnest.

6. We drunk beer with the chicken

7. We continually drunk all night until we went to bed fatigued one by one.

8. I drink with friends and played, there were really many people.

9. So I stay in home all day.

10. But he was very cute when he blowed

11. She was born and grew up in Seoul, 1982.

12. Sometimes we fight other people in high schools day

13. After all party is begin.

14. Suddenly she scaf hited my face,

15. After long time she hitted with her bag.

아래의 답을 확인하세요.

1. I stood and stood.

2. She tore her skin.

3. Last week, I was hurt a knee from an accident.

4. After I had been hurt a knee, I was going to hospital.

5. Finally, we began to drink beer in earnest.

6. We drank beer with the chicken.

7. We continually drank all night until we went to bed fatigued one by one.

8. I drank beer with friends and played together, and there were really many people.

9. So I stayed at home all day.

10. But he was very cute when he blew.

11. She was born and grown up in Seoul in 1982.

12. Sometimes we fought with each other during high school days.

13. After all, the party is begun.

14. Suddenly she hit my face,

15. For a long time, she hit me with her bag.

퀴즈 4. 병렬 구조 준비사항

병렬 구조 익히기

영어에서 두 단어를 연결할 경우에 접속사를 사용한다. 예를 들면, an apple and a banana. 그러나 셋 이상의 단어를 연결할 경우에는 콤마와 접속사를 사용한다. 예를 들면, an apple, a banana, and three oranges. 이처럼 콤마와 접속사를 중심으로 같은 기능을 수행하는 단어를 연결하는 방법을 병렬 구조라고 한다.

If it is Chusok,I meet my relative, eat tasty food, have a chat..and so on.
어색한 부분을 바로 잡으면? [001]

병렬 구조의 대상이 셋이므로 A, B, and C로 만들어 주어야 한다.
In Chusok, I meet my relatives, eat tasty food, and have a chat.
There are a restaurant, sleeping room and health club...and so on...!
어색한 부분을 바로 잡으면? [002]

There are a restaurant, a sleeping room and a health club...and so on...!
I attend a lecture, every Monday, Tuesday, Friday.
어색한 부분을 바로 잡으면? [003]

I attend a lecture, every Monday, Tuesday, and Friday.

My family number is three: Father , mom and me.

어색한 부분을 바로 잡으면? [004]

My family number is three: Father, mother, and myself.

Unhappy when I didn't pray God, He gives me joy, power and satisfaction.

어색한 부분을 바로 잡으면? [005]

Unhappily when I didn't pray God, He gives me joy, power, and satisfaction.

There are many people, cars, building.

어색한 부분을 바로 잡으면? [006]

There are many people, cars, and building.

In Seoul, there are several kinds of Institutes like language, music, Taegundo, cook etc.

어색한 부분을 바로 잡으면? [007]

In Seoul, there are several kinds of institutes like language, music, Taekwondo, cook, and etc.

Finally, I can meet many people so I can make many friends among group meeting, shcool, institute. 어색한 부분을 바로 잡으면? [007]

Finally, I can meet many people so I can make many friends among group meeting, school, and institute.

As i have an image that living in a small town is much in reserve and peaceful,

However to live in big city is polished, busy..speedy.

어색한 부분을 바로 잡으면? [008]

As I have an image that living in a small town is much reserved and peaceful, to live in a big city is polished, busy, and speedy.

For example, theater, museum, concert, and musical.

어색한 부분을 바로 잡으면? [009]

For example, theater, museum, concert, and music.

For example department store, cinema house, concert hall, great park and so on.

어색한 부분을 바로 잡으면? [010]

For example, department store, cinema house, concert hall, great park, and so on. Small town has indisoensable institution for instance hospital, departmentstore, school etc.

어색한 부분을 바로 잡으면? [011]

Small town has indisoensable institution, for instance, hospital, department store, school, and etc.

There are many subways, various foods, many people and many jobs.

어색한 부분을 바로 잡으면? [012]

There are many subways, various foods, many people, and many jobs.

But the city is polluting, because of many people, factories, buildings.

어색한 부분을 바로 잡으면? [013]

But the city is polluted, because of many people, factories, and buildings.

Such as a big mosquito, grasshopper, moth and a pine caterpillar.

어색한 부분을 바로 잡으면? [014]

Such as a big mosquito, grasshopper, moth, and a pine caterpillar.

There are too many theaters, department stores, hospitals, restaurants.

어색한 부분을 바로 잡으면? [015]

There are too many theaters, department stores, hospitals, and restaurants.

I can watching movies, shopping ,playing.

어색한 부분을 바로 잡으면? [016]

I can watch movies, shopping, and playing.

A big city is a center of politics, economy, culture.

어색한 부분을 바로 잡으면? [017]

A big city is the center of politics, economy, and culture.

There are many universities, academies and culture centers.

어색한 부분을 바로 잡으면? [018]

There are many universities, academies, and cultural centers.

They have major medical centers, convenient traffic network, a lot of commodities and diverse services.

어색한 부분을 바로 잡으면? [019]

They have major medical centers, convenient traffic network, a lot of commodities, and diverse services.

It has movie theaters, playhouses, museums and so on.

어색한 부분을 바로 잡으면? [019]

It has movie theaters, playhouses, museums, and so on. [020]

퀴즈 5. 관사 준비사항

영어에서 수 개념을 표시하는 방법으로 단수인 경우 셀 수 있는 명사 앞에 a 또는 an을 사용하고, 복수일 경우 명사 뒤에 s나 es를 첨가한다. 예를 들면,

> a student (단수)
>
> students (복수) [001]

관사는 정관사와 부정관사로 나누어지는데, 정관사는 세상의 모든 명사가 아닌 특정한 명사를 지칭하는 경우에 사용하는데, 문장 내에서 한정, 제한, 수식을 받는다.

The book written by him is well written. [002]

반면에 부정관사는 특정한 명사가 아닌 일반적인 명사의 의미를 가진다.

A well written book gives precious experiences to us. [003]

1. 정관사

That loses burden of study. But, keep a tension.

어색한 부분을 바로 잡으면? [004]

공부에 대한 부담감은 줄일 수 있으나 긴장하라는 의미.

That loses the burden of study. But, keep a tension.

A of B 구문에서 B의 한정, 제한, 수식을 받는 A는 제한된 명사라는 의미에서 정관사 the를 A 앞에 써야한다. [005]

I feel improvement of English. But it doesn't know before take the test.
어색한 부분을 바로 잡으면? [006]

I feel the improvement of English. But it doesn't know before take the test. A of B 구문이지요? improvement가 A, English가 B. 따라서 the improvement.
The film title was "Glory of a family".
어색한 부분을 바로 잡으면? [007]

The film title was "The Glory of our family".
Today weather is very nice!
어색한 부분을 바로 잡으면? [008]

Today, the weather is very nice!
일반적인 날씨를 의미하는 것이 아니라, 오늘이라고 하는 특정한 날씨를 말하기 때문에 weather 전에 the를 써야한다. [009]

I had worked at a parttime job at a down block office during summer vacation.
어색한 부분을 바로 잡으면? [010]

I worked for a parttime job at a down block office during the summer vacation.
여름은 여름인데, 특정한 여름 방학 동안이라는 의미에서 the summer vacation 이 되어야 한다. [011]

2. 무 관사

관사를 사용하지 않는 경우인데, 관사를 사용하는 경우를 살펴보도록 하자.

It is at a O-Ri station, Bun-Dang

어색한 부분을 바로 잡으면? [010]

It is at O-Ri station, Bun-Dang.

고유명사 O-Ri 앞에 관사를 사용하지 않는다. [011]

Do you have a lunch?

어색한 부분을 바로 잡으면? [012]

Did you have lunch?

Do you have lunch? 라고 말한다면, 항상 점심을 먹느냐고 물어 보는 의미이다.

You went to the Church...Do you a christian?

어색한 부분을 바로 잡으면? [013]

You went to church...Are you a Christian?

교회에 예배를 보러 간 것일 터이니 관사가 오지 않습니다.

But you study hard in the school (학교에서 공부를 하는 경우라면)

어색한 부분을 바로 잡으면? [014]

But you study hard in school.

관사를 사용하지 않아도 되는 경우 이해가 되시나요? 그럼, 다음 topic으로 넘어 가도록 할까요? [015]

There are the many trees such as the small village there.
어색한 부분을 바로 잡으면?

There are many trees in a small village.
수사(many, few, a few, number, much, little, a little, amount), 관사 (a, an, the), 그리고 지시사 (this, these, 그리고 that, those)는 각각 한 번밖에 쓸 수 없다.

3. 부정관사

부정관사는 말 그대로 정해지지 않은 관사, 즉, 명사의 보편적인 성질을 말합니다.
a boy (일반적인 의미에서의 소년),
the boy who was standing right next to me(내 옆에 서 있던 바로 그 소년)[016]

I was nice. On last Saturday, I went to theater with my boyfriend.
어색한 부분을 바로 잡으면? [017]

It was nice. On last Saturday, I went to a theater with my boyfriend.
반드시 a라고는 말하기 힘드나 보통 극장을 지칭한다는 의미로 보는 것이 옳은 듯합니다.

I'll recommend "Lover's Concerto" to you. It's romance movie and is touching. Also, " a honor of family" is very fun.

어색한 부분을 바로 잡으면? [018]

I'll recommend "Lover's Concerto" to you. It's a romance movie and is touching. Also, "an honor of our family" is very fun. 물론 명사가 셀 수 있고, 단수인 경우 a 또는 an을 사용합니다. 일반적으로 모음으로 시작하는 단어(실제 발음) 앞에 an (a, e, i, o, u)을 사용하고 그 외의 자음으로 시작하는 단어 앞에 a를 사용합니다. [019]

Just a joke~~~!!After a while,I go to a English Academy.Now, I only go there today and next Monday in this month. When I go to a academy, I like eating between meals. So, I get fat. I'm worried about it.

I need to take a exercise.

어색한 부분을 바로 잡으면? [020]

Just a joke~~~!!After a while, I go to an English Academy. Now, I onlygo there today and next Monday during this month. When I go to an academy, I like eating between meals. So, I get fat. I'm worried about it. I need to take an exercise.

English, academy, exercise 모두 모음으로 시작하는 말이기 때문에 부정관사 an. [021]

Today is nice weekend. Nowadays,it is chilly like winter.

어색한 부분을 바로 잡으면? [022]

Today is a nice weekend. Nowadays, it is chilly like winter.

nice가 자음으로 시작하고, weekend는 가산 명사이므로 부정관사 a. [023]

In fact, I want know well. Next week, I will also have a exam. I alwaysdid hasty preparation. You too?

어색한 부분을 바로 잡으면? [023]

In fact, I want to know about it well. Next week, I will also have an exam. I always did hasty preparation. You too?

모음으로 시작하는 단어 앞에서 부정관사는 an을 사용한다. [024]

4. 명사

I received your letter with delightful.

어색한 부분을 바로 잡으면? [001]

전치사 with가 나오면 다음에는 명사가 나온다. delightful은 형용사이다.

I received your letter with delight.

It is also for my future childs.

어색한 부분을 바로 잡으면? [002]

child의 복수는 children으로 불규칙 명사이다.

It is also for my future children. After I became a university, I lived in the Seoul at first.

어색한 부분을 바로 잡으면? [003]

내가 대학이 된다. 내가 대학생이 된다는 의미.

Before I became a university student, I lived in Seoul. there are so many cars and noisy.

어색한 부분을 바로 잡으면? [004]

There are so many cars and noise.

And big town has so noisy.

어색한 부분을 바로 잡으면? [005]

...을 가지다는 타동사의 의미로 사용되었다면 명사가 와야 하며 noisy는 형용사이다.

And a big town is very noisy. I can get the beautiful house with a golden.

어색한 부분을 바로 잡으면? [006]

금색의 다음에 명사가 와야 한다. with a golden으로는 충분하지 못하다.

금색의 문은 어떨까요? 정리하면,

I can get the beautiful house with a golden gate.

So to live big city has many-sided benefits.

어색한 부분을 바로 잡으면? [007]

So living in a big city has many benefits. ... so there is peaceful.

어색한 부분을 바로 잡으면? [008]

한 문장 안에 반드시 하나의 주어와 동사가 나와야 한다. 주어진 문장에 명사는 있는가?

there는 유도 부사로 주어가 될 수는 없다. 주어가 없는 셈이다. 정리하면,

... so living in a country is peaceful. [009]

I want to have these even if a life in a big city is so crowded and noisy.

어색한 부분을 바로 잡으면? [010]

대도시의 삶이 다소 불편하더라도, 그렇게 하겠다는 의미.

ven if a life in a big city is so crowed and noisy, I want to live there.

성 명: _____   취득 점수: _____

Direction: At the end of the following construction that begins with a capital letter and ends with a period, write F if the construction is a sentence fragment and S if it is a sentence.

1. The scandals have not changed my political views. Though I do not like the men now in office. For they are crooks.

2. With the moon high and the lake shimmering silver. Our vacation seeming the best we have ever had. Even though it is costing us a fortune.

3. I like classes that have a little humor in them. Especially English classes. Since the subject matter is so boring.

4. I find the dictionary hard to use. For I usually I don't know how to find the world I want to spell correctly. Therefore I use only simple words in my writing.

5. To be as free as the wind and birds. To feel kinship with all nature. That makes me happy.

6. I squealed my tries as I made the U-turn. And there stood a policeman. Looking pleased at his opportunity to write a ticket.

7. Central Park is full of friendly people. Such as muggers, bicycle thieves, and pick-pockets. Who easily evade the police.

8. The older generation just doesn't understand us. Because we have developed our own life style. Which is different from theirs.

9. High on the cliffs above the snake River, the eagles with their sharp eyes surveying the landscape. The field mice nervously ate and kept watch.

10. College offers much more than academic education. Such as lively social life. And going to college beats working.

11. Football, with its enormous spectator drawing power, which is unequalled in the sports world. Except for soccer,

12. In much wisdom is much grief. And he who increases knowledge increases sorrow.

13. The taste of garden-fresh spring vegetable is one of the world's delights. with no other comparable to it. Unless it's that of bourbon.

14. The mine entrance looking gloomy, with water dripping from its ceiling. Not to mention the scary blackness as we looked into it.

15. The police dog stood directly in our path. his teeth bard and low growls coming from his throat.

Identify each word group, using the following letters:

F = Fragment　S = Sentence　RS = Run-on Sentence

16. Inviting me to serve as head of the committee.

16. _____

17. The voters elected Corey, a man who had no experience in politics.

17. _____

18. Accidents don't just happen, they are usually caused by negligence.

18. _____

19. Which is the greatest contributor to air pollution.

19. _____

20. Mr. Perez listens to everyone's opinion, then he makes up his own mind.

20. _____

Indicate the subject (or subjects) and the verb (or verbs) in each sentence by writing, under the proper headings, the letters of the words you select.

Subject(s) Verb(s)

21. Where does a tornado get its tremendous power?

21. _____ _____

22. My mom's knowledge of motors has saved us much expense.

22. _____ _____

23. These figures the paper should have checked before publication.

23. _____ _____

24. We went there for a few days but stayed an entire month.

24. _____ _____

25. Only the manager or his assistant can open the safe.

25. _____ _____

26. The spots on Jimmie's clothes told the story of his day.

26. _____ _____

27. With a little more study, Roy could have passed his test.

27. _____ _____

Does the sentence require a comma before the italicized conjunction? Write Yes or No in the space at the right.

28. A wild duck rose from the pond and skimmed the treetops.

28. _____

29. My dad urged me not to buy the car but I was too excited to take his advice.

29. _____

30. There are no nearby playgrounds and the children are forced to play in the street.

30. _____

31. One can take the advice of experienced investors or learn the hard way by himself.

31. _____

32. Safety belts are required in all cars but does everybody wear them?

32. _____

33. The chipmunk paid no attention to me but continued to hunt for its breakfast.

33. _____

34. I wrote down the strange word and later looked it up in the dictionary.

34. _____

35. The team was at the bottom of the league and the attendance at games dropped steadily.

35. _____

36. Shutters were once a necessity but are now used only for decoration.

36. _____

37. A check must be properly endorsed or a bank will not cash it.

37. _____

성명: _____   취득 점수: ___/20

Direction: Correct the mistakes.

1. I don't think so because a teacher are a guide to students' lives.

2. So he always take part in team meeting once in a week.

3. She usually go to the movies once or twice a week.

4. What he and I want to do are different.

5. I think Kyuhan approach everything in a little rash.

6. Sometimes, I think that it is good to exchange mail in English.

7. They may get more thing afterwards,

8. The doctor poked a needle in my knee for four time.

9. Older brother is Chonan university student.

10. I have much examinations next week.

11. If there is recollection which remains in memory among them, it may be travel with friends during high school day.

12. We were in the same class two time by chance.

13. And Kim Sun is very thoughtful friend.

14. Does the weather sizzle these day?

15. Recently I was very busy for my homeworks.

16. But it was great time because after a long time I meet family and friends.

17. As you know, last weekend was fine day, so every flowers come into full.

18. Money is not everything in our life.

19. I am nervous about school exams. I really would like to have good grade.

20. When we first met, we are highschool student.

Quiz 3. Main Verb Quiz

Name: _____   acquired score: _____/25

Direction: Underline the mistakes in the given sentences and rewrite ONLY the mistakes.

1. Did you say me that you like a movie?

2. She could scarcely recognizes nobody.

3. Do you liked to listen to music?

4. Did you decide to apply our university because of your brother by any chance?

5. I waited your e-mail.

6. Did you attend to MT?

7. I envy for you.

8. I often go to there.

9. I went a restaurant to eat dinner.

10. I waiting for your response.

11. It's a mid-exam period, so you will very busy.

12. I really glad to see your mail.

13. If you given a chance, go to 'Norita'.

14. I envy you in that you able to get angry about it.

15. He never smoking and drinking very much.

16. We intimate terms with each other.

17. She is an even tempered person and a straight forward character.

18. I want you write a guest book.

19. Are you major in English?

20. I like eat something.

21. Anyway I was happy accept your offer.

22. I was really feel chilly and scared.

23. Do you like play by ball?

24. Finally, we begun to drink in earnest.

Quiz 4. Parallelism

Name: _____   Student Number: _____

Direction: Change the following sentences so that they are parallel.

1. The puppy stood up slowly, wagged its tail, blinking its eyes, and barked.

2. Ecologists are trying to preserve our environment for future generations by protecting the ozone layer, purifying the air, and have replanted the trees that have been cut down.

3. The chief of police demanded from his assistants an orderly investigation, a well-written report, and that they work hard.

4. Marcia is a scholar, an athlete, and artistic.

5. Slowly and with care, the museum director removed the Ming vase from the shelf and placed it on the display pedestal.

6. The farmer plows the fields, plants the seeds, and will harvest the crop.

7. Abraham Lincoln was a good president and was self-educated, hardworking, and always told the truth.

8. Children love playing in the mud, running through puddles, and they get very dirty.

9. Collecting stamps, playing chess, and to mount beautiful butterflies are Derrick's hobbies.

10. Despite America's affluence, many people are without jobs, on welfare, and have a lot of debts.

Name: _____   Student Number: _____

Direction: In the following sentences, supply the articles (a, an, or the) if they are necessary. If no article is necessary, leave the space blank.

1. Jason's father bought him _____ bicycle that he had wanted for his birthday.

2. _____ Statue of Liberty was a gift of friendship from _____ France to _____ United States.

3. Rita is studying _____ English and _____ math this semester.

4. _____ judge asked _____ witness to tell _____ truth.

5. Please give me   cup of _____ coffee with   cream and sugar.

6. _____ big books on _____ table are for my history class.

7. No one in _____ Spanish class knew _____ correct answer to ___ Mrs. Perez's question.

8. My   _____ car is four years old and it still runs well.

9. When you go to _____ store, please buy _____ bottle of chocolate milk and _____ dozen oranges.

10. There are only few seats left for _____ tonight's musical at ____ university.

11. John and Marey went to ___ school yesterday and then studied in _____ library before returning home _____

12. Lake Erie is one of _____ five Great Lakes in _____ North America.

13. On our trip to _____ Spain, we crossed Atlantic Ocean.

14. _____ Mount Rushmore is the site of _____ magnificent tribute to four great American presidents.

15. What did you eat for _____ breakfast this morning?

16. Louie played _____ basketball and _____ baseball at _____ Boys' Club this year.

17. Rita plays _____ violin and her sister plays _____ guitar.

18. While we were in _____ Alaska, we saw ____ Eskimo village.

19. Phil can't go to _____ movies tonight because he has to write _____ essay.

20. David attended _____ Princeton University.

21. Harry has been admitted to _____ School of Medicine at _____ mid-western university.

22. Mel's grandmother is in _____ hospital, so we went to visit her last night.

23. _____ political science class is taking _____ trip to _____ Soviet Union in _____ spring.

24. _____ Queen Elizabeth II is _____ monarch of Great Britain.

25. _____ Declaration of Independence was drawn up in 1776.

26. Scientists hope to send _____ expedition to _____ Mars during _____ 1980s.

27. Last night there was _____ bird singing outside my house.

28. _____ chair that you are sitting in is broken.

29. _____ Civil War was fought in _____ United States between 1861 and 1865.

30. _____ Florida State University is smaller than _____ University of Florida.